新时代·新农民·新财务:助力乡村全面振兴财务系列教材

农村集体经济"三资"管理平台操作实务

规范·流程·图解

刘喆 蒋海娟 主 编

樊红艺 韦明翠 唐梦露 李晨媛 副主编

谢沛善 主 审

东北财经大学出版社
Dongbei University of Finance & Economics Press

新时代·新农民·新财务：助力乡村全面振兴财务系列教材

农村集体经济
"三资"管理平台操作实务
规范·流程·图解

刘喆　蒋海娟　　主　编

樊红艺　韦明翠　唐梦露　李晨媛　副主编

谢沛善　主　审

东北财经大学出版社　大连
Dongbei University of Finance & Economics Press

图书在版编目（CIP）数据

农村集体经济"三资"管理平台操作实务：规范·流程·图解 / 刘喆，蒋海娟主编. —大连：东北财经大学出版社，2025.7. —（新时代·新农民·新财务：助力乡村全面振兴财务系列教材）. —ISBN 978-7-5654-5723-4

Ⅰ.F321.42

中国国家版本馆CIP数据核字第20254J104B号

农村集体经济"三资"管理平台操作实务：规范·流程·图解

NONGCUN JITI JINGJI "SANZI" GUANLI PINGTAI CAOZUO SHIWU：GUIFAN·LIUCHENG·TUJIE

东北财经大学出版社出版

（大连市黑石礁尖山街217号　邮政编码　116025）

网　　址：http://www.dufep.cn

读者信箱：dufep@dufe.edu.cn

大连天骄彩色印刷有限公司印刷　　东北财经大学出版社发行

幅面尺寸：185mm×260mm　　　字数：273千字　　　印张：12.75

2025年7月第1版　　　　　　　2025年7月第1次印刷

责任编辑：魏　巍　赵宏洋　　　　　责任校对：赵　楠

封面设计：原　皓　　　　　　　　　版式设计：原　皓

书号：ISBN 978-7-5654-5723-4　　　定价：49.00元

教学支持　售后服务　　联系电话：(0411) 84710309

版权所有　侵权必究　　举报电话：(0411) 84710523

如有印装质量问题，请联系营销部：(0411) 84710711

前　言

在推进乡村全面振兴的时代背景下，农村集体资金、资产、资源（以下简称"三资"）的规范化管理已成为深化农村改革、促进共同富裕的重要抓手。党的二十大以来，国家连续出台《农村集体经济组织会计制度》《中华人民共和国农村集体经济组织法》，明确提出构建"制度健全、权责清晰、监督有力、公开透明"的农村集体资产监管体系。这标志着我国农村集体经济"三资"管理正在从传统的粗放式管理向现代化、数字化治理加速转型。

在此背景下，农业农村部统筹推进全国农村集体资产监督管理平台建设，通过统一数据标准、规范业务流程、强化智能监管，着力破解长期困扰基层的账目不清、资产流失、监管乏力等突出问题。但平台在推广过程中，基层工作者普遍面临操作不熟练、流程不清晰、规范把握不准等现实困难。为切实解决落地难题，我们组织编写了这本理论与实践深度融合的操作指南。

本书聚焦"三资"管理平台操作能力的系统性培养，立足"理论认知、实务操作、素质养成"三维教学目标，致力于实现三个层面的能力提升：一是理论理解层面，通过嵌入政策及理论解读，帮助读者准确把握"三资"管理的关键点与改革方向，强化依法依规办事意识。二是平台操作层面，以全流程可视化指导为核心，确保村级报账员、"三资"服务中心人员等关键岗位人员熟练掌握系统登录、数据录入、台账管理、报表分析等核心功能。三是综合素养层面，针对资金支付审批、资产处置评估、资源发包程序等重点环节，强化资金安全与风险防控意识，提升服务乡村的责任担当。

具体来说，本书具有以下特色：

1. 适应项目式教学改革需要，实现岗位任务场景化

本书采用项目任务式编写体例，基于"三资"平台系统的岗位分配，设置报账员、会计主管、出纳员、会计员、资产管理员、业务管理员、合同管理员、综合管理员八个岗位，通过融入典型业务场景，真实再现不同岗位的工作内容及流程。每个项目开篇设置"学习目标"明确学习成果，设置"岗位说明"明确岗位职责，设置"工作导航"明确工作内容；然后通过"任务布置"→"知识点拨"→"任务实施"→"育德润心"，提升岗位业务理论水平、操作技能和综合素养；最后通过"在线测评"和"项目评价"检测学习效果。

2. 契合直观化学习认知规律，实现操作流程可视化

本书采用图解设计，精选平台界面截图，通过箭头标注，精准指示操作路径，将复杂的操作内容分解为步骤清晰、环环相扣的操作流程。同时，设置"功能指引"

"特别提示"等内容，让学习者不仅能快速掌握操作要点，更能直观理解操作原理与潜在风险，真正实现"一看即懂，一学即会"，提升实务操作能力。

3. 落实立德树人根本任务，实现思政内容浸润化

本书以习近平新时代中国特色社会主义思想和党的二十大精神为指引，全面落实立德树人根本任务。每个任务后都设置"育德润心"栏目，收录全国范围内具有代表性的实践样本，提炼"德育要素"，进行"职业点拨"，引导学生树立坚定的理想信念，培养诚实守信的职业操守，提高服务乡村振兴的使命感和责任感。

4. 顺应数字化教育发展趋势，实现数字资源丰富化

《教育强国建设规划纲要（2024—2035年）》提出"实施国家教育数字化战略"。本书积极响应国家战略部署，设计了丰富的数字资源，包括"知识精讲""知识拓展""在线测评"等。通过"知识精讲"二维码，剖析教材中的重难点，提高学习效率；利用"知识拓展"二维码解读政策文件，精准推送知识点、易错点等碎片化知识；依托"在线测评"二维码，实现学习效果实时检测，推动教学资源的智能化升级。

本书由广西金融职业技术学院刘喆、广西安驰财务管理有限公司蒋海娟任主编，广西金融职业技术学院樊红艺、韦明翠、唐梦露、李晨媛任副主编，广西农业职业技术大学何一冬、财信众联会计服务（广西）有限公司龙凌、广西财税科学应用研究会莫海玲任参编。具体编写分工如下：刘喆编写项目一，何一冬编写项目二，樊红艺编写项目三，韦明翠编写项目四，唐梦露编写项目五，蒋海娟编写项目六、项目八，李晨媛编写项目七，龙凌负责审核全国农村集体资产监督管理平台操作的合规性，莫海玲负责收集农村集体经济典型案例和编写项目习题。广西金融职业技术学院谢沛善对全书内容进行了审核。

本书既适用于职业院校农业经济管理、财务会计类专业学生，也面向直接从事"三资"管理工作的村级报账员、村务监督委员会成员，乡镇（街道）"三资"服务中心的会计人员、审计人员，以及县级农业农村部门负责集体资产监管的业务骨干。本书既可以满足零基础人员的入门学习，又能为已有经验者提供业务提升指导。

在数字经济与乡村振兴深度融合的今天，"三资"管理平台不仅是技术工具，更是推进乡村治理现代化的重要基础设施。本书的出版恰逢农业农村部启动"农村集体资产监管效能提升行动"的关键时点，将为全国54.2万个村级集体经济组织、300余万基层管理人员提供标准化操作指南。我们期待本书的普及应用能够有效解决平台使用中的"不敢用、不会用、不规范用"问题，让数字技术真正成为守护集体家底的"电子哨兵"、促进集体经济发展的"数字引擎"。

未来，编写团队将持续跟踪平台功能升级和制度改革进展，并不断更新教材内容。我们坚信，随着"三资"管理数字化进程的深入推进，本书将成为连接制度设计与基层实践的桥梁，为发展新型农村集体经济、实现共同富裕目标注入持久动力。

"纸上得来终觉浅，绝知此事要躬行。"希望读者在学习过程中，既遵循规范指引，又勇于探索创新，共同书写农村集体资产数字化管理的时代篇章。

编　者
2025年4月

目　录

数字资源目录

续表

报账员岗位工作

项目一

学习目标

知识目标

1.掌握村级"三资"管理机构设置及职责分工。

2.理解报账员岗位核心职责与工作规范。

3.熟悉报销单编制、日记账登记等核心业务流程。

技能目标

1.能够对原始凭证进行审核和影像采集。

2.能够规范编制各类报销单。

3.能够登记银行存款日记账和库存现金日记账。

4.能够正确处理银行对账差异及未达账项。

素养目标

1.培养依法依规办事的职业意识。

2.强化资金安全风险防控意识。

3.提升服务乡村振兴的责任担当。

岗位说明

报账员主要负责村级日常财务报销工作，包括审核原始凭证、编制报销单和登记日记账等。报账员岗位要求如下：一是具备财务知识，熟悉农村"三资"管理相关政策法规和财务制度；二是具有较强的责任心和敬业精神，工作认真细致，坚持原则，廉洁奉公；三是具备良好的沟通能力和协调能力，能够与村"两委"成员、村民、代理记账机构等相关人员进行有效的沟通和协作；四是具备基本的计算机操作技能，能够熟练使用财务软件和办公软件。

工作导航

岗位	工作任务	工作分解
报账员	报账员岗位认知	村级机构设置
		岗位职责认知
	原始凭证审核与影像采集	审核原则
		单据分类
		影像采集规范
		应用场景
	报销单编制	报销单内容
		报销单填写规范
	日记账填制	银行存款日记账
		库存现金日记账

任务一 报账员岗位认知

任务布置

某村报账员小张新入职，面对村级"三资"管理工作站的各类台账和民主理财小组的监督要求感到困惑。

思考：

（1）如何快速适应岗位？

（2）如何处理与民主理财小组的协作关系？

知识点拨

一、村级机构设置

农村集体经济组织是农村集体"三资"管理工作的主体，对农村集体经济组织经济活动和"三资"管理资料的真实性、合法性、完整性负责，确保农村集体"三资"的安全与完整。

（1）农村集体经济组织设"三资"管理工作站。"三资"管理工作站主要负责本村"三资"（即资金、资产、资源）的日常管理，建立现金（银行存款）日记账、固定资产台账、债权债务明细账、资源登记簿、低值易耗品登记簿和经济合同登记簿（台账）等有关账簿（台账）。工作站须定期向农村集体经济组织成员大会或成员代表大会及乡镇"三资"监管代理服务中心报告农村集体"三资"变动情况。

（2）农村集体经济组织设立民主理财小组。民主理财小组主要负责配合工作站做好本村财务资金、资产、资源和工程项目建设管理等工作。民主理财小组成员由农村集体经济组织成员大会或成员代表会议选举产生，村干部及其配偶、直系亲属不得担任民主理财小组成员。民主理财小组一般由3～5人组成，并推选1名负责人，由其负责日常理财和联络、协调工作。民主理财小组成员要保持相对的稳定，不得随意变更。因疾病、迁出、死亡等原因不能履行职责的，经农村集体经济组织成员大会或成员代表会议讨论通过，予以变更并报乡镇"三资"监管代理服务中心备案。

（3）农村集体经济组织不设会计，只设报账员。报账员主要负责本村农村集体经济组织"三资"管理工作站的具体业务工作。报账员由农村集体经济组织成员大会或成员代表会议选举或推举产生，产生后须及时向代理服务机构备案，并经培训考核合格后上岗，不宜随意更换。报账员应实行回避制度，农村集体经济组织主要干部的直系亲属及配偶不得担任报账员。

报账员向代理服务机构定期统一报账，由代理服务机构负责登记各村账目、编制会计报表，对农村集体经济组织的财务收支进行统一会计核算，各村报账员只负责登记本村的内部往来。为了统一进行报账与会计核算，代理服务机构通常每个村分别设

知识精讲1-1 报账员岗位认知

知识拓展1-1 农村集体经济组织

立"五账一簿一单"，即总账、银行存款日记账、明细账、库存现金日记账、固定资产账、各种登记簿、统一报账单。

二、报账员的职责

（1）编制农村集体经济组织财务预决算方案。

（2）领取、管理及核销备用金，保管有价证券、收款票据和支票。

（3）登记农村集体经济组织库存现金日记账和银行存款日记账备查账，定期与代理服务机构核对现金和银行存款余额，做到账账相符、账款相符。

（4）负责农村集体经济组织固定资产备查账登记和保管工作。

（5）负责农村集体经济组织收入、支出业务的办理及收入、支出原始凭证的收集、整理、审核。

（6）负责各项经济业务事项的报账工作。

（7）负责农村集体经济组织债权债务、合同（协议）等的管理，对发生的债权债务逐笔登记制表，及时向乡镇"三资"监管代理服务中心有关会计人员办理报账。

（8）负责农村集体经济组织的财务公开工作。

（9）配合上级部门的监督、检查和审计工作，反映农村集体经济组织财务问题，提出意见和建议。

（10）负责农村集体经济组织财务档案、合同（协议）档案的归档整理工作。

（11）负责与村报账员岗位相关的其他工作。

三、报账程序

（1）报账时间。各村报账员要按乡镇监管代理服务中心确定的报账日集中报账，以便及时快速地办理报账业务。特殊情况下，要随时报账。

（2）报账要求。村报账员报账前要与所有业务经办人员，包括往来单位结清本季度业务，登记好现金记账和农户往来账，盘点现金并填制报账单。报账业务的相关凭证必须要素齐全，在规定账日带好本季全部业务凭证、报账单收款收据、库存现金日记账到监管代理服务中心，由负责本村的记账会计负责审核凭证并记账。库存现金日记账由总会计、总出纳核对余额并盖章后带回后续使用。

（3）现金解款程序。村报账员清点超备用金现金，填制由县农经局统一印制的"村级财务管理中心现缴款单"（一式四联），或直接存入本乡镇会计服务中心在银行开设的专户内，携缴款单或银行回单上解到会计服务中心。会计服务中心总出纳核对现金及解款单或银行回单无误后，加盖总出纳私章交总会计复核后，由总会计加盖公章及总会计私章，第四联由村报账员带回。

（4）现金支取程序。预支现金时，必须有预支明细、相关文档资料及相关人员签字。取款凭单经会计服务中心负责人审核签字后，由总会计核对并加盖总会计私章交总出纳。总出纳核对后，加盖总出纳私章并填制相同金额的支票交总会计加盖印鉴，由村报账员到银行支取现金或由总出纳支取现金给村报账员。第四联由村报账员带回。

任务实施

针对"任务布置"中的问题，可以做以下处理：

（1）建立"三资"管理台账体系：按照"五账一簿一单"要求建立电子台账。

（2）规范协作流程：每月5日前提交财务报表供民主理财小组审核。

（3）落实回避制度：直系亲属不得担任民主理财小组成员。

（4）建立工作备忘录：记录日常业务要点与风险提示。

育德润心

民主理财小组协作与监督

某村报账员李大姐严格执行"四议两公开"制度，在发现某笔工程支出缺少村民代表会议决议时，主动退回申请并督促完善手续。她坚持每周与民主理财小组核对台账，确保每笔资金使用都有迹可循。在一次资产处置中，她发现评估报告存在数据误差，立即联系第三方机构复核，避免了集体资产流失。

资料来源：根据农业农村部办公厅发布的《全国农村财务管理规范化典型案例》整理。

德育要素：

（1）坚守职业底线的责任意识：面对压力坚持原则，维护集体利益。

（2）服务集体的奉献精神：主动加班整理台账，保障财务公开透明。

（3）依法依规的行事准则：严格执行"四议两公开"制度，确保程序合规。

职业点拨：

报账员作为村级财务"守门员"，须做到"三个过硬"：

（1）政策法规过硬：定期学习《农村集体经济组织会计制度》等政策文件。

（2）业务能力过硬：熟练操作"三资"管理系统，掌握台账登记技巧。

（3）作风纪律过硬：严格执行回避制度，保持清正廉洁的职业形象。

任务二　原始凭证审核与影像采集

任务布置

某村报账员小李在审核办公用品采购发票时，发现发票抬头为个人姓名且未附明细清单。

思考：

（1）对于施工方提供的大额工程款发票未备注项目名称的情况，小李应如何处理？

（2）如何确保影像采集的完整性？

知识点拨

知识精讲1-2

原始凭证
审核与影像
采集

一、原始凭证审核原则

（一）真实性原则

单据须反映真实经济业务，不得虚构、伪造。示例：发票须与合同、验收单匹配，收款人须与合同方一致。

（二）合法性原则

符合《中华人民共和国会计法》《农村集体经济组织会计制度》等法规。例如，支出需要经过村民会议/村民代表会议决议，大额支出须备案。

（三）完整性原则

单据要素齐全，包括日期、金额、用途、审批人等。例如，发票须加盖销售方公章，报销单须有经办人、村民委员会主任、监督委员会签字。

（四）准确性原则

金额计算无误，大小写一致，科目归属正确。例如，发票金额与报销单金额一致，避免"白条入账"。

（五）及时性原则

单据须在业务发生后10个工作日内提交审核，避免积压。

二、原始单据分类与审核要点

（一）原始单据分类

原始单据分类见表1-1。

表1-1   原始单据分类

类别	单据类型	适用场景
收入类	专用收据、银行回单、缴款书	租金收入、政府补贴、资产处置收入
支出类	发票、工资表、合同、验收单	办公费、工程款、人员工资
其他类	借款单、转账申请单、审批文件	临时借款、资金调拨

（二）重点审核内容

1.发票审核

（1）基本要素：纳税人识别号、发票代码/号码、开票日期、购买方信息（需要为农村集体经济组织全称）。示例：发票抬头为"××村股份经济合作社"，不得为个人或其他组织。

（2）合规性：不得为"办公用品""食品"等笼统品名，须附明细清单并加盖销售方公章。增值税普通发票须通过全国增值税发票查验平台验证真伪。

2.报销单据审核

（1）审批流程：

小额支出：经办人签字→村民委员会主任审批→监督委员会盖章。

大额支出（超过村规定限额）：须附村民代表会议决议、招标合同、验收报告。

（2）附件完整性：

工程类支出：合同、中标通知书、验收单、审计报告缺一不可。

工资类支出：须附考勤表、人员签字确认的工资表。

3.专用收据审核

仅限内部往来、代收代付、资产资源发包收入使用，不得替代发票。须注明收款项目、标准、期限，收款人签字并加盖农村集体经济组织公章。

三、影像采集规范

（一）采集要求

单张单据扫描分辨率≥300dpi，确保字迹、公章清晰。彩色扫描，避免黑白色导致信息缺失（如红色公章）。按"日期+单据类型+摘要"命名。

（二）存储规范

电子影像须上传至"三资"管理系统，同步备份至本地服务器，保存期限不少于15年。分类归档：按"村别→年度→月份→单据类型"建立文件夹。

四、日常应用场景

（一）村级日常办公经费报销

1.原始凭证审核

（1）审核要点。

① 票据合规性：检查发票是否为税务机关监制，抬头是否为"××村集体经济组织"，开票日期是否在报销年度内。

② 审批完整性：报销单需要有经办人、村民委员会主任（或授权负责人）、民主理财小组签章，大额支出须附村民代表会议决议。

③ 内容真实性：发票内容与采购清单（如办公用品明细）、合同（如水电代缴协议）是否一致，差旅费须附出差审批单和行程单。

（2）否决情形。

无民主理财小组签章的票据；发票抬头错误或未填写纳税人识别号；差旅费报销金额超过村级财务制度规定标准。

2.影像采集内容

影像采集内容有报销单（含审批签章）、发票原件、采购清单/合同/出差审批单、银行转账回单。

（二）工程项目支出审核

1.原始凭证审核

（1）审核要点。

① 合同合规性：中标通知书、施工合同须经乡镇"三资"管理中心备案，付款节点与合同约定一致。

②验收资料：工程进度验收单需要有施工方、监理方、村委会三方签章，隐蔽工程须附影像资料。

③税务要求：施工方须提供建筑服务增值税发票，备注栏注明"项目名称及地点"。

（2）特殊要求。超10万元的支出须附审计报告；民工工资须通过专用账户发放，同时附工资表和银行代发凭证。

2.影像采集内容

影像采集内容有施工合同与中标通知书、工程进度验收单（含隐蔽工程影像）、增值税发票、农民工工资表及银行回单。

（三）集体资产处置

1.原始凭证审核

审核要点如下：

①审批流程：资产处置方案须经村民大会表决（附会议记录），乡镇"三资"中心备案。

②评估报告：原值超5万元的资产须附第三方评估报告，公开拍卖须附竞拍成交确认书。

③收入合规性：租金/处置款须通过银行转账，不得坐支现金。

2.影像采集内容

影像采集内容有村民大会决议、资产评估报告/拍卖成交确认书、收款收据（或发票）、银行进账单。

（四）惠民补贴发放

1.原始凭证审核

审核要点如下：

①政策依据：补贴文件须为县级以上政府部门印发，注明补贴标准和发放范围。

②发放明细：农户签字确认的补贴发放表必须与银行代发清单一致，严禁代领代签。

③公示材料：补贴明细须在村务公开栏公示7天，附公示照片。

2.影像采集内容

影像采集内容有补贴政策文件、农户签字版发放表、银行代发回单、公示照片及公示说明。

（五）往来款项结算

1.原始凭证审核

审核要点如下：

①对账依据：往来款对账单须双方签章确认，注明未达账项原因。

②核销规则：预付款须凭发票冲抵，严禁长期挂账（超过1年须专项说明）。

2.影像采集内容

影像采集内容有往来款对账单、预付款凭证与发票、债务豁免协议。

（六）专项拨款使用

1.原始凭证审核

审核要点如下：

① 专款专用：支出内容需要与项目申报书一致，不得挪用（如乡村振兴资金不得用于人员工资）。

② 绩效材料：项目验收报告须附受益农户签字表、项目前后对比照片。

2.影像采集内容

影像采集内容有项目申报书与批复文件、专项资金收支明细表、绩效验收材料。

（七）接受捐赠

1.原始凭证审核

审核要点如下：

① 票据使用：须开具省级财政厅监制的非税收入收据，不得使用白条。

② 缴款方式：金额超 1 000 元须通过银行转账，注明款项来源。

2.影像采集内容

影像采集内容有非税收入收据存根联、银行缴款单、捐赠协议。

任务实施

针对"任务布置"中的问题，可以做以下处理：

步骤一：发票审核处理

（1）退回个人抬头发票，要求重新开具单位抬头发票。

（2）工程发票补充备注栏信息，否则不予报销。

（3）办公用品采购须附明细清单并加盖销售方公章。

步骤二：影像采集规范

（1）按"日期+单据类型+摘要"命名。

（2）分类建立电子档案：村别→年度→月份→单据类型。

（3）同步备份至本地服务器与云端存储。

步骤三：特殊业务处理

（1）惠民补贴发放须附公示照片及农户签字表。

（2）资产处置须附村民会议决议与评估报告。

育德润心

推动建立凭证审核三色预警机制

某村报账员老张在审核河道清淤工程款时，发现发票金额与合同约定存在 10 万元差异。他立即联系施工方核对，发现是工程量计算错误。通过重新测量验收，最终核减工程款 8.5 万元。他还创新建立"凭证审核三色预警机制"（绿色合规/黄色待核实/红色否决），使该村审核效率提升 40%。

资料来源：根据农业农村部办公厅发布的《全国农村财务管理规范化典型案例》整理。

德育要素：

（1）精益求精的专业精神：对数字差异零容忍，确保每分钱都花得明白。

（2）主动作为的担当意识：发现问题不等不靠，积极推动问题解决。

（3）改革创新的进取品格：引入预警机制提升管理效能。

职业点拨：

（1）原始凭证审核"三字经"：

看"三章"：检查发票专用章、审批签章、验收公章。

查"三流"：资金流、票据流、业务流一致。

核"三单"：合同单、验收单、决算单齐全。

记"三时"：业务发生时记录、审核完成时归档、发现问题时追溯。

（2）影像管理"三确保"：确保电子影像与纸质原件一致；确保密级文件加密存储；确保调阅权限分级管控。

任务三　报销单编制

任务布置

某村需要支付道路硬化工程进度款2万元，施工方提供了发票但未附验收单。

思考：

（1）报账员小王应如何处理该笔报销？

（2）如何确保"三重一大"事项合规？

知识点拨

一、认识报销单

知识精讲1-3

报销单编制

（一）报销单的概念

报销单是农村集体经济组织（简称村集体）成员或经办人向"三资"服务中心申请资金报销的正式单据，用于记录经济业务的真实性、合法性和准确性，是会计核算的原始凭证。

（二）编制目的

报销单的编制目的是规范村集体资金使用流程，防范财务风险；确保报销业务与会计核算匹配，符合《农村集体经济组织会计制度》；实现"业务留痕、责任可溯"的管理目标。

（三）适用范围

报销单适用于村集体日常办公费、差旅费、工程支出、材料采购等各类报销业务，以及涉及现金、银行存款、往来款项的结算业务。

二、报销单的内容

标准报销单模板见表1-2。

表1-2 标准报销单模板

项目	说明
单据名称	统一为"农村集体经济组织报销审批单"
单据编号	格式：村代码+年份+流水号（例如：××村2025001）
报销单位	具体到村、村民小组或项目名称
报销日期	经办人填写报销申请的实际日期
用途说明	简明描述业务内容（例如：2025年3月办公耗材采购）
金额明细	分科目列示金额（含大小写）
附件张数	发票、合同、验收单等原始凭证的总张数
审批签字	经办人→村负责人→村务监督委员会→"三资"服务中心审核岗→财务主管岗→银行出纳岗

三、报销单填写规范

（一）填写原则

真实性：业务内容、金额与原始凭证一致；

完整性：必填项无遗漏，审批流程完整；

准确性：科目分类、金额大小写无误；

及时性：业务发生后5个工作日内提交报销。

（二）填写流程

1.填写基础信息

单据编号：通过"三资"管理系统自动生成，手工填写须核对唯一性。

报销单位：填写"××村""××村民小组"或项目全称（如"××村道路硬化项目"）。

报销日期：填写提交报销当日日期，格式如"2025年03月19日"。

2.填写业务内容

错误示例："买东西"。

正确示例："购买党建活动宣传册（附明细清单）"。

3.粘贴附件

按"发票→合同→验收单→其他证明"顺序左侧粘贴，确保单据平整、不遮挡关键信息。

附件张数标注示例："共3张（含发票1张、清单1张、审批单1张）"。

（三）注意事项

金额大小写不一致时，以大写金额为准，须重新填写单据；涉及工程类报销，须附工程预算表、施工合同、验收报告三联单；单笔支出超1万元或属于"三重一大"事项的，须附村民代表会议决议。

知识拓展1-2

"三重一大"
事项合规

任务实施

针对"任务布置"中的问题，可以做以下处理：

（1）退回补充材料：要求施工方提供工程验收单。

（2）启动特殊审批：单笔超1万元须附村民代表会议决议。

（3）规范科目选择：记入"生产（劳务）成本——基础设施建设"科目。

（4）完善附件管理：按"发票+合同+验收单+决议"顺序归档。

育德润心

推动建立"双人复核"制度

某村报账员小陈在审核农药采购报销时，发现发票金额与合同约定不符。她立即联系供应商核实，发现是开票人员误将单价小数点位置标错。经过协调，供应商重新开具了正确的发票，避免了集体资金3 000余元的损失。事后她主动在村财务例会上分享经验，推动建立"双人复核"制度。

资料来源：根据农业农村部办公厅发布的《全国农村财务管理规范化典型案例》整理。

德育要素：

（1）严谨细致的工作作风：对数字差异保持高度敏感性。

（2）维护集体利益的责任担当：发现问题主动跟进解决。

（3）敢于较真碰硬的职业品格：不因人情关系放松审核标准。

职业点拨：

报销审核"四看"原则：

（1）看审批流程是否完整：确保"经办人→村负责人→监督委员会"三级签字。

（2）看票据要素是否齐全：重点核查纳税人识别号、发票专用章。

（3）看开支标准是否合规：对照村级财务制度核对金额上限。

（4）看资金流向是否明确：备注栏注明具体用途和项目名称。

任务四　日记账填制

任务布置

某村2025年3月31日收到街道下拨的乡村振兴专项资金50万元，同日签发转账支票支付苗木款30万元。

思考：

（1）如何登记银行存款日记账？

（2）如何处理未达账项？

知识点拨

知识精讲1-4

日记账填制

一、日记账及其登记规范

（一）认识日记账

日记账是按照经济业务发生或完成时间的先后顺序，逐日逐笔登记的账簿，是会计核算的基础账簿之一。首先，日记账是序时记录，能确保每笔收支业务的时间连续性；其次，通过逐笔核对，可减少记账错误；再次，日记账的记录可为总账、明细账提供数据支持；最后，日记账能实时反映企业货币资金的变动情况，监管现金流。

（二）日记账登记规范

1. 核心要素

（1）账户分类：分设"基本户""专项户""代管户"，标注资金性质（例如，"专"字标记乡村振兴资金）。

（2）摘要填写：包含业务类型+项目名称+审批信息（例如，道路硬化进度款［合同DX2024-12］，街道批20250318）

（3）票据关联：登记支票/电汇单编号，数字人民币交易标注"DCEP"及流水号。

2. 操作流程

（1）接收银行回单。核对付款方名称、金额与合同一致；电子回单须打印纸质版并加盖"电子收讫"章。

（2）系统录入。在系统中选择"银行存款"→"转账支付"；关联合同编号，上传发票/验收单（系统自动关联预算指标）。

（3）标记状态。未达账项标记"待核销"（如3月31日开具支票，4月2日到账后修改状态）；超50万元支出自动触发"街道备案"标记。

3. 数字人民币案例示范

（1）案例名称：数字人民币收取苗木款100 000元

（2）登记时间：2025-03-25 14：23

（3）摘要：苗木销售款［合同WH2025-03］，街道批数字人民币DCEP20250325-01

（4）会计分录：

借：银行存款——数字人民币　　　　　　　　　　　　　　　　　100 000
　　贷：经营收入　　　　　　　　　　　　　　　　　　　　　　　　　　100 000

知识拓展1-3

数字人民币

二、银行存款日记账及其登记规范

（一）认识银行存款日记账

银行存款日记账是专门用于记录企业银行存款收付业务的特种日记账，由出纳人员根据审核无误的银行存款收付款凭证（包括现金缴存银行的凭证）逐日逐笔登记。

（二）账簿启用规范

（1）封面填写：注明单位名称、账簿名称、启用日期。

（2）扉页登记：会计主管、出纳人员签章，粘贴印花税票。

（3）账户设置：按银行账户分别设置日记账（如工行基本户、农行一般户）。

（三）登记流程详解

1. 期初余额登记

启用新账簿时，在第一行"余额"栏填写上年度结转的银行存款期初余额，并注明"上年结转"。

2.逐笔登记收付款业务

使用订本式银行存款日记账，按业务发生时间顺序逐笔登记。登记时，日期栏填写实际收付日期，凭证号须与记账凭证一致，摘要栏简要注明业务内容，金额栏分"借方"（收入）、"贷方"（支出）准确填写，每笔登记后即时结出余额。登记过程中须逐页逐行连续记录，不得跳页、隔行，如有空行须划斜线注销，确保账目清晰可查，严禁随意涂改。

（四）月度对账流程

1.获取对账单

通过网银下载PDF或到银行柜台打印（须银行盖章）。

2.核对日记账

逐笔勾对"银行已收/付"与"企业已收/付"。

3.编制调节表

处理未达账项（如支票未兑付、银行已扣手续费）。

4.未达账项调整（见表1-3）

知识拓展1-4

未达账项

表1-3　　　　　　　　　　　　**未达账项调整**

类型	示例	调整方式
企业已收银行未收	销售回款银行尚未入账	加计银行对账单余额
银行已付企业未付	银行代扣水电费	减计企业日记账余额

三、库存现金日记账及其登记规范

（一）认识库存现金日记账

库存现金日记账是专门记录企业库存现金收付业务的特种日记账，由出纳人员根据审核无误的现金收付款凭证（包括从银行提现的凭证）逐日逐笔登记。

（二）现金管理"五不准"原则

（1）不准坐支现金（当日收入必须存入银行）。

（2）不准白条抵库（500元以下农副产品采购除外）。

（3）不准公款私存（特殊情况须附说明）。

（4）不准私设小金库。

（5）不准保留账外现金。

（三）登记流程详解

1.期初余额登记

启用新账簿时，在第一行"余额"栏填写上年度结转的库存现金期初余额，并注明"上年结转"。

2.逐笔登记收付款业务

使用订本式库存现金日记账账簿，按业务发生时间顺序逐笔登记。登记时，日期栏填写实际收付日期，凭证号须与记账凭证一致，摘要栏简要注明业务内容，金额栏分"借方"（收入）、"贷方"（支出）准确填写，每笔登记后即时结出余额。登记过程中须逐页逐行连续记录，不得跳页、隔行，如有空行须划斜线注销，确保账目清晰可查，严禁随意涂改。

（四）现金盘点制度

（1）时间：每日18：00（节假日顺延）。

（2）参与人：出纳+会计+村务监督委员会成员（至少1人）。

（3）差异处理：如果差异在5元内，则登记现金长短款登记表，并在3个工作日查明原因；如果差异超过5元，则暂停出纳权限，启动内部审计。

四、日记账的常见错误与更正方法

（一）常见错误类型

（1）记账凭证错误：如科目记错、金额计算错误；

（2）登账错误：如日期、凭证号写错，借贷方向颠倒；

（3）余额计算错误：未逐笔结出余额。

（二）错账更正方法

1.划线更正法（记账凭证无误，仅账簿错误）

在错误文字或数字上划红线注销，上方填写正确内容，由记账人员盖章。

例如，将"银付字第1号"误写为"银付字第2号"，更正时划掉"2"并改为"1"。

2.红字更正法（记账凭证科目或金额错误）

先用红字填制一张与原错误凭证相同的凭证，冲销原记录，再用蓝字填制正确凭证。

任务实施

针对"任务布置"中的问题，可以做以下处理：

（1）分账户登记：专项资金单独设置"专项户"并标注"振兴"。

（2）关联业务信息：摘要注明"乡村振兴资金"。

（3）处理未达账项：在调节表中列示支票未兑付情况。

（4）落实限额管理：当日超限额现金及时缴存银行。

育德润心

推动"现金流动看板"

某村报账员老赵坚持执行每日现金盘点制度，某日发现账面比实际少3元。他立即停止业务办理，逐项核对当天凭证，最终发现是村民误工补贴金额登记错误。在村务监督委员会监督下，他重新登记账簿并公示情况。此后他创新使用"现金流动看板"，实时展示资金动态。

资料来源：根据农业农村部办公厅发布的《全国农村财务管理规范化典型案例》整理。

德育要素：

（1）诚实守信的职业操守：主动报告差异并积极整改。

（2）主动接受监督的意识：邀请村务监督委员会参与核查。

（3）严谨细致的工作态度：建立"日清月结"工作机制。

职业点拨：

报销审核"四看"原则：

（1）凭证与台账对照：确保每笔业务都有原始单据支撑。

（2）台账与系统对照：每日核对电子台账与"三资"管理系统数据。

（3）系统与实物对照：每周进行现金盘点和银行对账。

（4）特殊业务标注：数字人民币交易标注"DCEP"及流水号。

项目评价

本项目评价见表1-4。

在线测评1-1

项目一

表1-4　　　　　　　　　　　　　　项目评价表

项目名称	报账员岗位工作			
评价要点		评分标准	学生自评（50%）	教师评价（50%）
知识掌握（30分）	掌握村级"三资"管理机构设置及职责分工（10分）	·优秀（8~10分）：能准确掌握知识点并举例应用。·良好（5~7分）：基本掌握知识点但存在细节疏漏。·待改进（0~4分）：概念模糊或混淆知识点的适用性		
	理解报账员岗位核心职责与工作规范（10分）			
	熟悉报销单编制、日记账登记等核心业务流程（10分）			
技能提升（40分）	能够对原始凭证进行审核和影像采集（10分）	·优秀（8~10分）：操作无错误，计算精确，分析全面。·良好（5~7分）：操作有1~2处错误，操作逻辑正确且结果偏差<5%。·待改进（0~4分）：操作错误≥3处，操作逻辑混乱		
	能规范编制各类报销单据（10分）			
	能熟练登记银行存款日记账和库存现金日记账（10分）			
	能正确处理银行对账差异及未达账项（10分）			
素质养成（30分）	具有依法依规办事的职业意识（10分）	·优秀（8~10分）：案例分析决策合理，主动提出合规建议。·良好（5~7分）：能完成基础分析但缺乏创新。·待改进（0~4分）：决策违背职业伦理或缺乏团队贡献		
	具有资金安全风险防控意识（10分）			
	具有服务乡村振兴的责任担当（10分）			
综合评价成绩（100分）				
学生自评：				学生签字：
教师评语：				教师签字：

会计主管岗位工作

学习目标

知识目标

1. 掌握农村集体经济组织建账前准备工作的核心内容。
2. 熟悉会计科目设置原则与初始余额录入规则。
3. 理解系统参数设置对后续核算的影响。

技能目标

1. 能够独立完成账套创建与启用全流程操作。
2. 能够进行资产清查数据的信息化处理。
3. 能够准确校验试算平衡关系。

素养目标

1. 培养严谨细致的职业态度。
2. 强化财经法规意识与集体资产保护观念。
3. 提升数字化管理能力与团队协作水平。

岗位说明

会计主管主要负责建账前准备、设置会计科目、录入初始余额，以及明确系统参数设置对后续核算的影响。

工作导航

岗位	工作任务	工作分解
会计主管	初始建账	建账前准备
		会计科目设置
		初始余额录入
	系统初始化	系统参数设置
		基础数据录入
		试算平衡校验

任务一　初始建账

任务布置

某村股份经济合作社完成换届选举后，新任会计主管需要在"三资"管理平台新建账套。已知该村存在历史遗留的固定资产盘亏问题，且有未达账项需要处理。

思考：

（1）如何规范处理资产盘亏事项？

（2）新建账套时应注意哪些关键参数？

（3）如何确保辅助核算数据与总账平衡？

知识点拨

一、建账前准备工作

（一）资料收集

收集农村集体经济组织（以下简称"村集体"）成立文件、章程、股权结构、银行开户许可证等法律文件。

整理历史财务资料（如有），包括原手工账或旧系统账套、审计报告、资产清查报告、债权债务明细。

（二）资产清查与核实

牵头组织村集体开展全面资产清查，包括以下内容：

（1）货币资金：盘点库存现金，核对银行对账单（含未达账项）；

（2）实物资产：固定资产、农产品、存货等实地盘点，编制资产盘点表；

（3）债权债务：与债权人或债务人核对往来款项，形成《债权债务确认单》。

知识精讲2-1

初始建账

二、会计科目设置

根据《农村集体经济组织会计制度》设置一级科目及明细科目，具体内容参见项目四的任务一。

三、初始余额录入

编制科目余额表，根据会计等式"资产=负债+所有者权益"，汇总清查后数据：

（1）借方余额：库存现金、银行存款、应收款项、固定资产等；

（2）贷方余额：短期借款、应付款项、公积公益金等。

知识拓展2-1

《农村集体经济组织财务制度》

任务实施

针对"任务布置"中的问题，可以做以下处理：

步骤一：规范处理资产盘亏事项

依据《农村集体经济组织财务制度》第十二条，履行"集体讨论决议→乡镇审核→县级备案"程序后，在"待处理财产损溢"科目核算。

步骤二：注意事项

（1）账套类型选择"农村集体经济组织"。

（2）会计期间设置为自然年度（1月1日—12月31日）

（3）凭证类型选用"记字通用凭证"

步骤三：采用双向核对法

（1）总账模块核对借贷平衡。

（2）辅助核算模块验证项目/部门/往来单位余额合计。

（3）生成试算平衡表进行三方比对。

育德润心

民主理财小组协作与监督

某村会计主管在资产清查中发现20台闲置电脑，通过集体决策转为村办电商服务站固定资产。该举措既盘活了集体资产，又规范了会计处理。

资料来源：根据农业农村部办公厅发布的《全国农村财务管理规范化典型案例》整理。

德育要素：

（1）合规意识：严格执行"三重一大"决策制度。

（2）责任担当：主动维护集体资产安全完整。

（3）创新思维：积极探索资产盘活路径。

职业点拨：

会计主管应树立"数据治理"理念，通过规范的初始化工作为后续财务分析提供可靠基础，同时注重在日常工作中培养"业财融合"思维。

任务二　系统初始化

任务布置

某村在开展农村集体经济"三资"管理系统初始化工作时，由于前期准备不足、人员分工不明确，出现了一系列问题。小王在基础信息设置中，误将村集体代码录入错误，且往来单位信息缺失联系方式；在设置会计期间时，未按规定采用公历年度，导致财务数据与其他村无法统一；在科目结构设置上，科目编码混乱，缺少部分业务明细科目；凭证结构设计也存在问题，凭证类型无法涵盖村集体特色业务，凭证要素不完整。这些失误致使系统试运行时，数据混乱，财务核算无法正常进行。

思考：

（1）如何处理往来单位信息缺失？

（2）如何解决科目编码混乱问题？

（3）如何解决特殊业务无法记账问题？

知识点拨

一、会计系统初始化

知识精讲 2-2

系统初始化

（一）系统参数设置

（1）会计期间：自然年度（1月1日—12月31日），支持按月结账。

（2）记账本位币：人民币（CNY），精度保留至小数点后两位。

（3）凭证类型：记字凭证（通用格式），不区分收付转。

（二）基础数据录入

1.辅助核算档案

（1）部门档案：按村、村民小组、合作社等设置。

（2）项目档案：土地承包项目、基建项目、公益事业项目等。

（3）往来单位：债权人/债务人名称、统一社会信用代码、联系方式。

2.科目期初余额

录入含辅助核算的期初数据。

（三）试算平衡与校验

（1）总账平衡：借方合计=贷方合计。

（2）辅助账平衡：科目余额与辅助核算明细合计一致。

二、系统流程解析

（一）新增账套

步骤一：点击账套列表左上方"新增账套"按钮，在新增账套窗口中录入账套类型、账套所属组织、账套名称等信息，如图2-1所示。

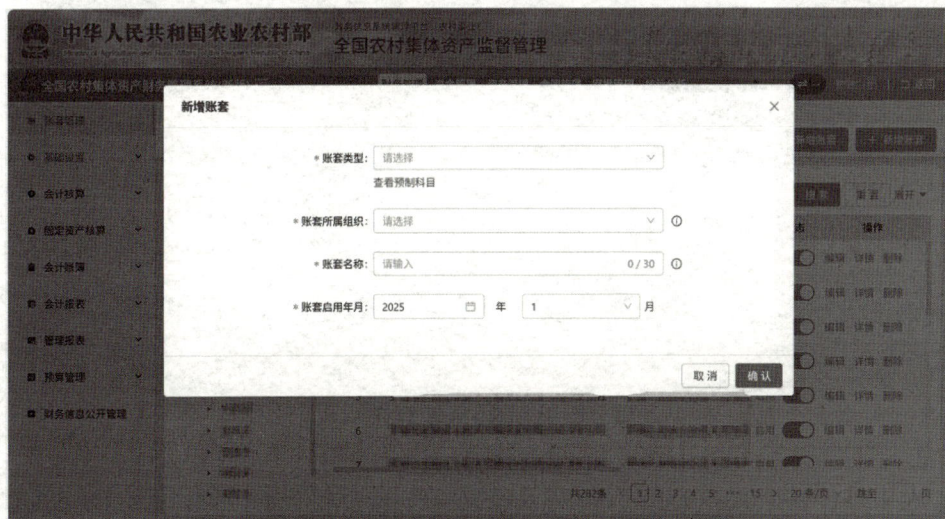

图2-1　新增账套界面

知识拓展2-2

《中华人民共和国村民委员会组织法》

步骤二：若需要创建村民委员会账套，须先联系乡镇级管理员，在平台点击"首页"→"运营中心"→"单位管理"，完成村民委员会单位的登记操作。在左侧行政区划选到村级后，点击"新增"按钮，填写单位名称、关联集体经济组织、状态、备注等信息，并上传附件，点击"确定"后即可完成数据的创建，如图2-2所示。创建后在账套管理方可选到对应的村民委员会组织。

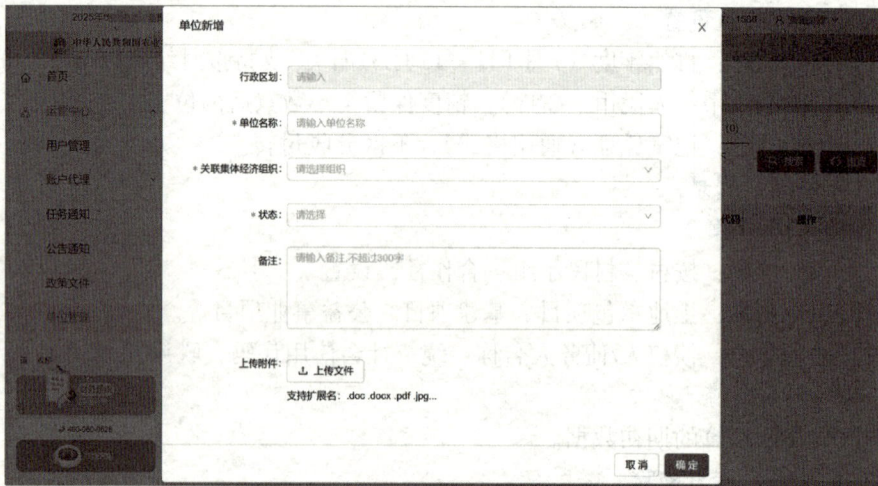

图2-2　村民委员会单位新增界面

（二）基础设置

1.辅助核算

在平台点击"基础设置"→"辅助核算"，根据需求添加"项目""客户""个人"辅助核算，如图2-3所示。

图2-3　辅助核算界面

2.科目设置

在平台点击"基础设置"→"科目设置"，对会计科目进行"编辑"和"添加下级科目"，如图2-4至图2-6所示。

图2-4 科目设置界面

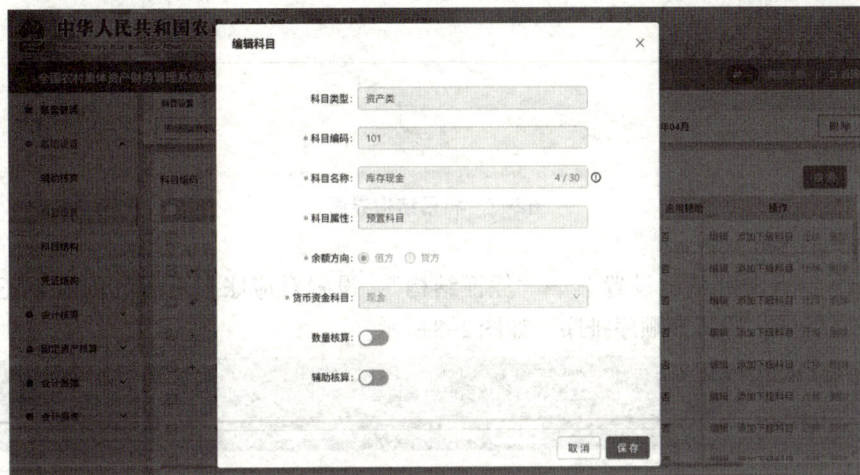

图2-5 编辑科目界面

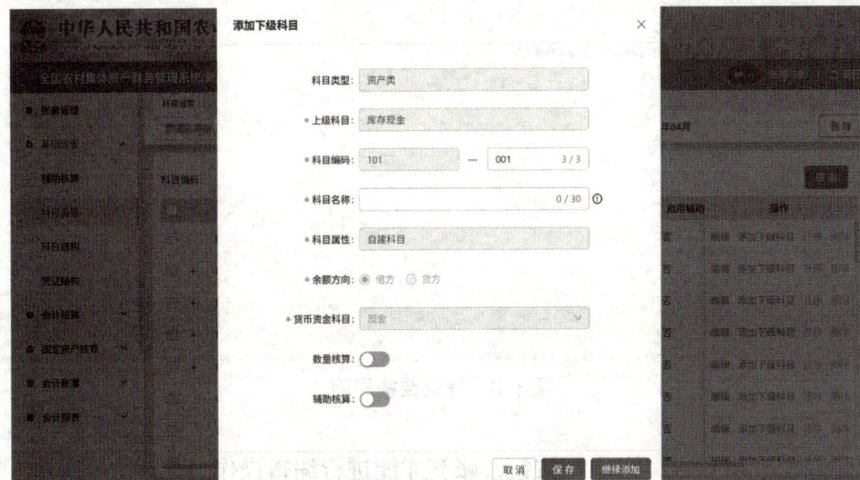

图2-6 添加下级科目界面

3.科目结构

在平台点击"基础设置"→"科目结构"。系统会根据所选择的类型，自动设置编码长度，不可修改。设置"科目级次"，如填入3，可输入后两级的科目，再设置对应账套下科目的编码结构，如图2-7所示。

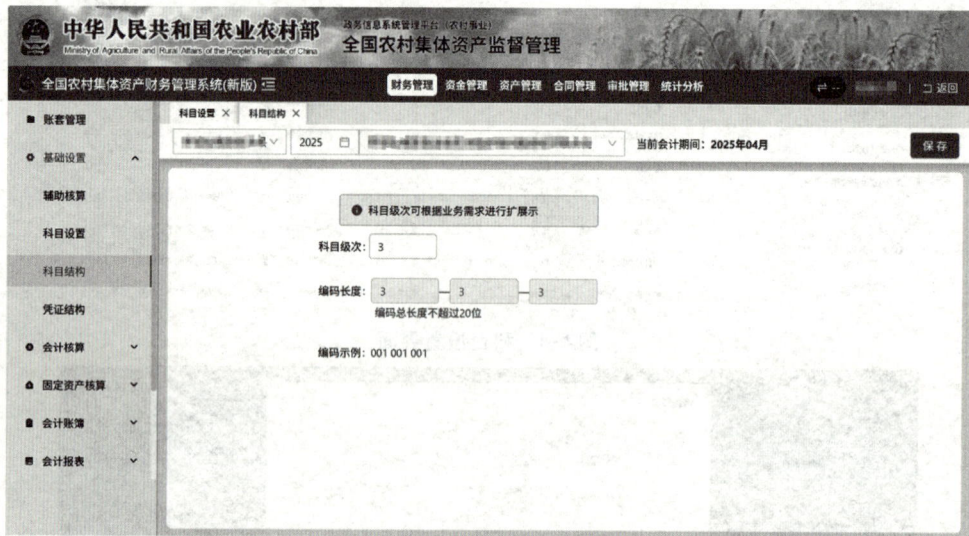

图2-7　科目结构界面

4.凭证结构

在平台点击"基础设置"→"凭证结构"，设置对应账套下后续创建凭证的规则，记账凭证按照日期顺序排序，如图2-8所示。

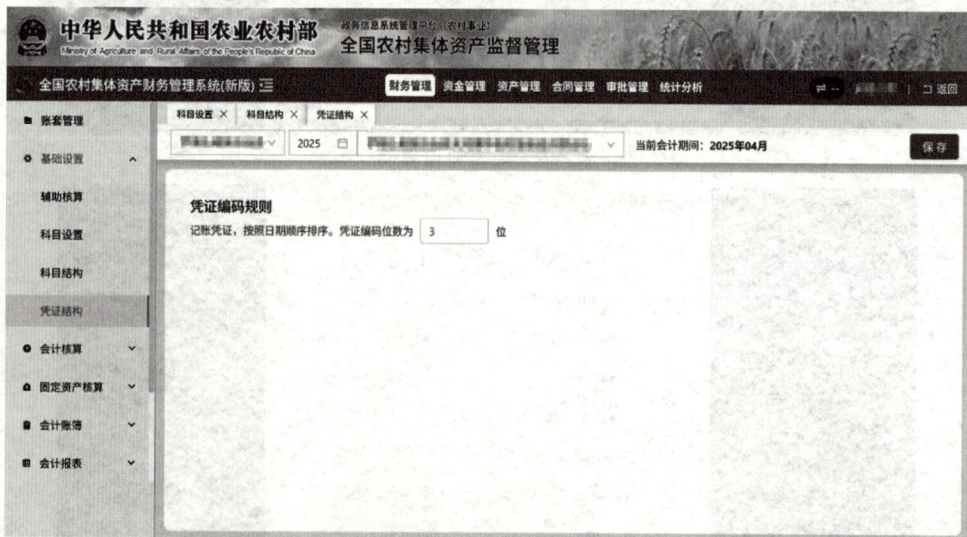

图2-8　凭证结构界面

（三）账套启用

创建完账套后点击"启用"按钮，账套才能进行编辑操作，如图2-9所示。

图2-9　账套启用界面

任务实施

针对"任务布置"中的问题，可以做以下处理：

步骤一：处理往来单位信息缺失

安排专人联系往来单位，收集完整信息并补录。

步骤二：解决科目编码混乱问题

依据编码规则重新编码，建立科目编码与名称对照表。

步骤三：解决特殊业务无法记账问题

参考相似村集体业务，新增合适的凭证类型。

育德润心

系统初始化的重要性

在农村集体经济"三资"管理系统初始化工作中，年轻的财务专员小陈负责基础信息录入和科目结构设置。面对繁杂的数据和严格的时间要求，小陈逐渐产生了敷衍心态。在录入村集体固定资产信息时，他没有实地核查，直接照搬旧台账数据；设置科目结构时，为了省事，简化了部分明细科目，没有严格按照《农村集体经济组织财务制度》执行。

系统上线后，在一次村民代表大会上，有村民对村集体的一笔大额固定资产提出疑问，认为实际使用情况与系统记录不符。经过核查，发现多台已报废的农机仍在系统中显示为正常使用状态，且由于科目结构设置不合理，部分收支账目无法准确分类，财务报表数据失真。这一情况引发了村民的强烈不满，严重影响了村集体的公信力，也给后续的财务管理工作带来了巨大阻碍。

资料来源：根据农业农村部办公厅发布的《全国农村财务管理规范化典型案例》整理。

德育要素：

（1）责任意识："三资"管理系统初始化工作是保障集体资产安全、透明的重要基础；

（2）诚信原则：诚信是连接管理者与村民的桥梁；

（3）农村集体经济观念：将个人工作与集体发展紧密结合。

职业点拨：

接受老会计的专业指导，深入学习制度规范，提升专业素养；彻底转变敷衍态度，主动返工核查资产、优化科目设置；培养职业使命感，积极投身财务管理，为村民答疑，成为受信任的财务专员，彰显责任与担当。

项目评价

在线测评2-1

项目二

本项目评价见表2-1。

表2-1 **项目评价表**

项目名称		会计主管岗位工作			
	评价要点	评分标准		学生自评（50%）	教师评价（50%）
知识掌握（30分）	掌握农村集体经济组织建账前准备工作的核心内容（10分）	·优秀（8~10分）：能准确掌握知识点并举例应用。 ·良好（5~7分）：基本掌握知识点但存在细节疏漏。 ·待改进（0~4分）：概念模糊或混淆知识点的适用性			
	熟悉会计科目设置原则与初始余额录入规则（10分）				
	理解系统参数设置对后续核算的影响（10分）				
技能提升（40分）	能独立完成账套创建操作（10分）	·优秀（8~10分）：操作无错误，计算精确，分析全面。 ·良好（5~7分）：操作有1~2处错误，操作逻辑正确且结果偏差≤5%。 ·待改进（0~4分）：操作错误≥3处，操作逻辑混乱			
	能独立完成账套启用操作（10分）				
	熟练进行资产清查数据的电算化处理（10分）				
	准确校验试算平衡关系（10分）				
素质养成（30分）	具有严谨细致的职业态度（10分）	·优秀（8~10分）：案例分析决策合理，主动提出合规建议。 ·良好（5~7分）：能完成基础分析但缺乏创新。 ·待改进（0~4分）：决策违背职业伦理或缺乏团队贡献			
	具有财经法规意识与集体资产保护观念（10分）				
	具有数字化管理能力与团队协作水平（10分）				
综合评价成绩（100分）					
学生自评： 学生签字：					
教师评语： 教师签字：					

学习目标

知识目标

1. 掌握财政专项资金、补助资金、一事一议资金的分类及管理要求。
2. 熟悉收支登记的操作流程与风险防控要点。
3. 理解票据管理的合规性要求及系统操作规范。
4. 掌握收支数据统计分析方法及账户维护要点。

技能目标

1. 能够独立完成资金使用申请的全流程操作。
2. 能够运用"三资"管理平台进行收支登记与票据录入。
3. 能够熟练使用资金统计分析工具。
4. 能够进行账户信息维护及异常情况处理。

素养目标

1. 培养严谨细致的职业态度与合规意识。
2. 强化集体资金安全管理责任意识。
3. 提升数字化工具应用与数据处理能力。
4. 树立服务乡村振兴的使命感与责任感。

岗位说明

出纳员主要负责资金和票据管理，具体工作内容如下：一是资金收付管理，负责农村集体资金的收入与支出工作，严格按照财务制度和审批流程，办理现金收付和银行结算业务，确保资金收付准确无误；二是票据管理，妥善保管、使用和核销各类资金收付票据，保证票据的真实性、完整性和合法性，防止票据丢失、滥用；三是登记日记账，及时、准确登记库存现金日记账和银行存款日记账，做到日清月结，每日核对库存现金与账面余额，定期与银行进行账目核对，确保账实相符、账账相符。

工作导航

岗位	工作任务	工作分解
出纳员	资金使用申请	财政专项资金管理
		补助资金管理
		一事一议资金管理
	收支资金登记	收款资金管理
		付款资金管理
	票据录入及管理	票据分类及适用场景
		票据全流程管理
	统计收支数据	收支日记账登记
		数据统计分析
	账户信息维护	单位账户管理
		收款方账户管理

任务一　资金使用申请

任务布置

2025年3月，某村申请财政专项资金50万元用于村道硬化工程。出纳员需要完成资金使用申请的全流程操作，包括材料准备、系统录入、审批跟踪等。

思考：

（1）如何准备财政专项资金申请所需的合规材料？

（2）系统操作中如何关联合同与上传附件？

（3）审批流程须注意哪些风险点？

知识点拨

一、财政专项资金

（一）概念

农村集体的财政专项资金是指农村集体经济组织收到各级政府及行政部门拨入用于专门用途的财政资金，通常由农村集体向相关行政职能部门提出申请，获得批准后，由财政部门拨付到农村集体账户上，用于农村集体特定项目建设。专项资金的用途主要包括支持农业生产、农村公益事业、改善农村生态环境、道路水利等基础设施建设等方面，有助于推动农村集体经济发展，促进新农村建设。

知识精讲3-1

资金使用申请

（二）报账项目及票据

财政专项资金的报账项目及票据见表3-1。

知识拓展3-1

财政专项资金的用途

表3-1　　　　　　　　　　财政专项资金的报账项目及票据

报账项目	涉及报账材料
银行结算方式的工程款项	（1）填制"大额（转账）支出申请书"； （2）附工程发票（工程项目名称要与合同一致）、工程建设前后照片、工程完工结算单、完工验收单、工程项目竣工决算表、项目工程合同
工程进度付款	（1）填制"大额（转账）支出申请书"； （2）填制"工程进度款支付申请表"
工程项目完工结算尾款	（1）填制"大额（转账）支出申请书"； （2）附工程完工结算单、完工验收单、工程建设完工后照片、工程发票、工程项目竣工决算表
专项应付款批量购买畜类、扶贫物资	（1）填制"大额（转账）支出申请书"； （2）附有关合同、发票、发放受益人明细清单

（三）管理工作流程

财政专项资金管理工作流程如图3-1所示。

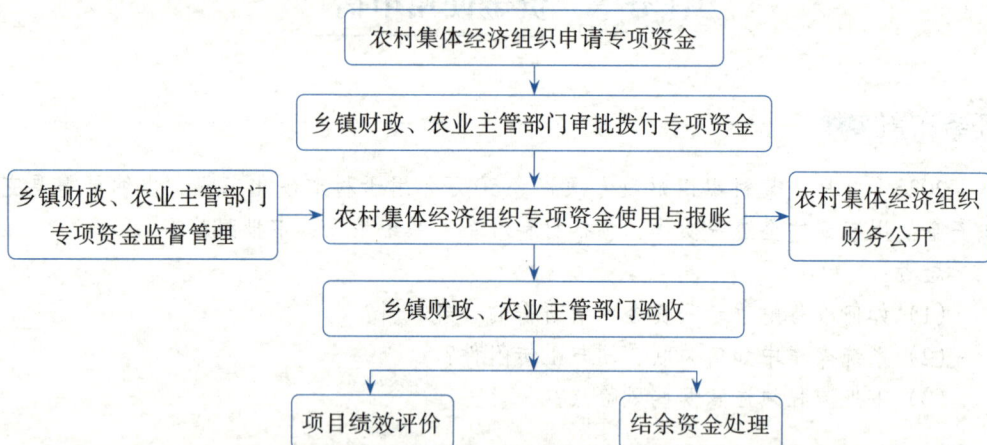

图3-1 财政专项资金管理工作流程

（四）账务处理

财政专项资金的账务处理见表3-2。

表3-2　　　　　　　　　　　　　　财政专项资金的账务处理

涉及业务	会计分录
财政专项资金的拨入 【注释】上级部门拨付财政专项资金时，专项应付款增加，农村集体经济组织的银行存款也增加	借：银行存款 　　贷：专项应付款——××项目
财政专项资金直接用于项目费用支出 【注释】专项资金直接用于项目费用支出，则支出金额直接核销	借：专项应付款——××项目 　　贷：银行存款
使用财政专项资金购入不需要安装的固定资产 【注释】按其卖价及相关税费等，借记"固定资产"账户，贷记"银行存款"或"应付款"账户。同时，结转专项应付款，增加农村集体积累，贷记"公积公益金"账户	借：固定资产——（固定资产项目名称） 　　贷：银行存款 同时，结转专项应付款： 借：专项应付款——××项目 　　贷：公积公益金
使用财政专项资金购入需要安装的固定资产 【注释】按固定资产卖价及相关税费、安装调试费等，借记"在建工程"账户，贷记"银行存款"或"应付款"账户。待固定资产达到预定可使用状态，再从该账户转入"固定资产"账户。同时，按已使用的专项资金，借记"专项应付款"账户，贷记"公积公益金"账户	（1）购买设备时： 借：在建工程——××设备 　　贷：银行存款 （2）支付安装费： 借：在建工程——××设备 　　贷：银行存款 （3）完工交付使用，结转固定资产成本： 借：固定资产——××设备 　　贷：在建工程——××设备 同时，结转专项应付款： 借：专项应付款——××项目 　　贷：公积公益金

续表

涉及业务	会计分录
财政专项资金用于工程项目 【注释】按项目支出金额，借记"在建工程"账户，贷记"库存现金"或"银行存款"账户。工程竣工验收后，按实际成本结转在建工程，增加固定资产	借：在建工程——（工程项目） 　　贷：银行存款 待验收交付使用，按实际成本结转在建工程： 借：固定资产——（工程项目） 　　贷：在建工程——（工程项目）
财政专项资金的转销 【注释】对于已完成的工程项目，应将实际支付金额转为集体积累，借记"专项应付款"账户，贷记"公积公益金"账户	借：专项应付款——××项目 　　贷：公积公益金

二、补助资金

知识拓展3-2

补助资金的
用途

（一）概念

补助资金是指各级财政部门每年按照国家支农政策的有关规定向农村集体经济组织拨付的补助款项。补助资金是收益性收入，一般只影响本年度的收益。在实际工作中，补助资金包括财政转移支付资金和其他补助资金两大项。其中财政转移支付资金包括保障集体经济组织、村民委员会等运转的补助资金。其他补助资金如贷款贴息、粮食种植补贴、农业机械购置补贴、退耕还林补助、植树绿化补助、防洪补助、清理河道补助等，应按照国家规定的用途使用和支付。

（二）报账项目及票据

补助资金的报账项目及票据见表3-3。

表3-3　　　　　　　　　　　　　补助资金的报账项目及票据

报账项目	涉及报账材料
银行结算方式收到各类财政补助收入	（1）附"银行收款通知单"； （2）开具并附"农村集体经济组织非经营性收款收据"
现金结算方式收到各类财政补助收入	（1）填制"现金收入报账单"； （2）开具并附"农村集体经济组织非经营性收款收据"
财政补助支出	（1）"实物补助"方式，取得实物采购税务发票； （2）"资金补助"方式，取得采购税务发票、相关单位正规收据、农民领用清单等资金支出的原始票据； （3）"先建后补"方式，附现场核验照片、核验表、相关票据及佐证材料

（三）管理工作流程

补助资金管理工作流程如图3-2所示。

補貼對象（農村集體或農戶個人）申報

↓

相關行政部門審核公示

↓

財政部門審批，辦理資金撥付 → 個人補助資金直接撥入一卡通賬戶

↓

農村集體補助資金撥入農村集體經濟組織存款賬戶

↓

鄉鎮財政、農業主管部門資金監督管理 → 農村集體經濟組織補助資金使用與報賬 → 農村集體經濟組織財務公開

↓

項目績效評價　　　補助資金年末結轉

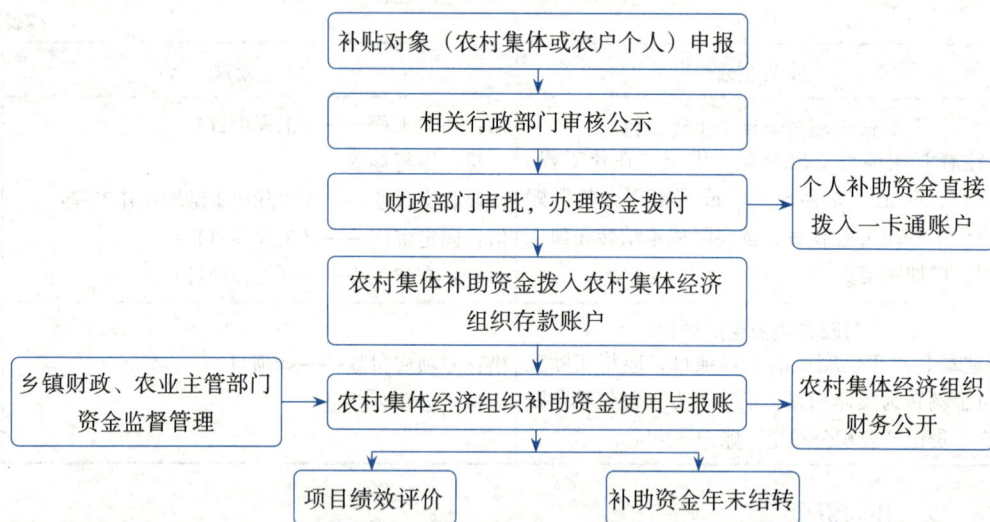

图3-2　补助资金管理工作流程

（四）账务处理

补助资金的账务处理见表3-4。

表3-4　　　　　　　　　　　　补助资金的账务处理

涉及业务	会计分录
财政专项资金的拨入 【注释】上级部门拨付财政专项资金时，专项应付款增加，农村集体经济组织的银行存款也增加	借：银行存款 　贷：专项应付款——××项目
专项资金直接用于项目费用支出 【注释】专项资金直接用于项目费用支出，则支出金额直接核销	借：专项应付款——××项目 　贷：银行存款
使用专项资金购入不需要安装的固定资产 【注释】按其卖价及相关税费等，借记"固定资产"账户，贷记"银行存款"或"应付款"账户。同时，结转专项应付款，增加农村集体积累，贷记"公积公益金"账户	借：固定资产——（固定资产项目名称） 　贷：银行存款 同时，结转专项应付款： 借：专项应付款——××项目 　贷：公积公益金
使用专项资金购入需要安装的固定资产 【注释】按固定资产卖价及相关税费、安装调试费等，借记"在建工程"账户，贷记"银行存款"或"应付款"账户。待固定资产达到可预定使用状态，再从该账户转入"固定资产"账户。同时，按已使用的专项资金，借记"专项应付款"账户，贷记"公积公益金"账户	（1）购买设备时： 借：在建工程——××设备 　贷：银行存款 （2）支付安装费： 借：在建工程——××设备 　贷：银行存款 （3）完工交付使用，结转固定资产成本： 借：固定资产——××设备 　贷：在建工程——××设备 同时，结转专项应付款： 借：专项应付款——××项目 　贷：公积公益金
专项资金用于工程项目 【注释】按项目支出金额，借记"在建工程"账户，贷记"库存现金"或"银行存款"账户。工程竣工验收后，按实际成本结转在建工程，增加固定资产	借：在建工程——（工程项目） 　贷：银行存款 待验收交付使用，按实际成本结转在建工程： 借：固定资产——（工程项目） 　贷：在建工程——（工程项目）
财政专项资金的转销 【注释】对于已完成的工程项目，应将实际支付金额转为集体积累，借记"专项应付款"账户，贷记"公积公益金"账户	借：专项应付款——××项目 　贷：公积公益金

三、一事一议资金

（一）概念

一事一议资金是指农村集体经济组织开展村民受益的生产、公益事业项目建设时，按照国家法规政策的规定，通过一事一议向村民筹集、财政奖补等渠道取得的专项资金，包括一事一议筹资和一事一议筹劳。一事一议资金主要用于农田水利建设、人畜饮水设施、村道路建设、植树造林等全村村民直接受益的工程项目，是农村集体经济组织举办公益事业的主要资金来源。

知识拓展3-3

一事一议
资金的用途

（二）报账项目及票据

一事一议资金的报账项目及票据见表3-5。

表3-5　　　　　　　　　　　一事一议资金的报账项目及票据

报账项目	涉及报账材料
筹资筹劳方案	附一事一议项目建设申请表、一事一议项目筹资筹劳方案、村民代表大会讨论决定按一事一议的形式筹集专项资金的决议文件、一事一议项目工程预算书、一事一议项目筹资筹劳汇总表
现金方式收到村民交来资金	开具"农村集体经济组织内部往来结算票据"
银行账户收到村民交来资金	（1）取得"银行收款通知单" （2）开具并附"农村集体经济组织内部往来结算票据"
村民投资项目完成	（1）填制"一事一议筹劳决算审批表" （2）附筹劳集体用工登记簿
银行转账方式支付工程项目款项	（1）填制"大额（转账）支出申请书" （2）附工程发票（工程项目名称要与合同一致）、工程建设前后照片、工程完工结算单、完工验收单、工程项目竣工决算表、项目工程合同
工程进度付款	（1）填制"大额（转账）支出申请书" （2）填制"工程进度款支付申请表"
工程项目完工结算尾款	（1）填制"大额（转账）支出申请书" （2）附工程完工结算单、完工验收单、工程建设完工后照片、工程发票、"工程项目竣工决算表"

（三）管理工作流程

一事一议资金的管理工作流程如图3-3所示。

| 议 | → 村民或村民委员会提议 | → 开展论证广泛听取意见 | → 制订筹资筹劳方案 | → 村民（代表）大会表决公示 |

| 审 | → 乡镇对村申报的项目和预算进行初审 | → 县级农业农村部门组织审核立项 | → 立项结果报省备案 |

| 议 | → 编制筹资筹劳减免清册 | → 实施筹资筹劳和接受社会捐赠 | → 村民（代表）大会表决公示 | → 筹集金额全部存入专用账户 |

| 用 | → 项目实施全程监督 | → 财政部门结合施工进度拨付奖补资金 | → 完工项目决算 | → 村民（代表）大会表决公示 | → 验收报账 |

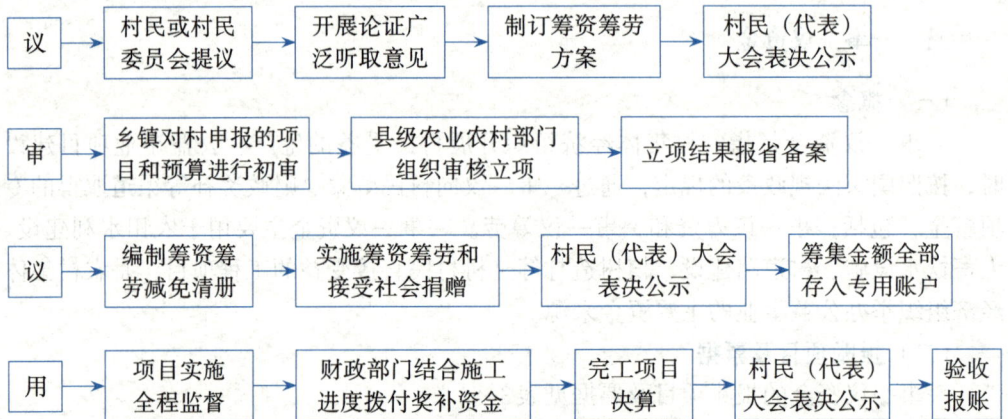

图3-3　一事一议资金的管理工作流程

（四）账务处理

一事一议资金的账务处理见表3-6。

表3-6　　　　　　　　　　　　一事一议资金的账务处理

涉及业务	会计分录
一事一议资金的筹集 【注释】农村集体经济组织应于一事一议筹资方案经农村集体成员大会或成员代表大会讨论通过时，借记"内部往来"账户，贷记"一事一议资金"账户。收到村民的筹资款，借记"库存现金"或"银行存款"账户，贷记"内部往来"账户	（1）筹资筹劳方案通过时： 借：内部往来——各户村民 　贷：一事一议资金——××项目 （2）收到村民筹集款、社会捐赠时： 借：银行存款 　贷：内部往来——各户村民 一事一议资金——××项目——社会捐赠 （3）收到一事一议财政奖补资金时： 借：银行存款 　贷：一事一议资金——××项目——财政奖补资金
使用一事一议资金购入不需要安装的固定资产 【注释】购入不需要安装的固定资产，固定资产增加，现金或银行存款减少；同时，借记"一事一议资金"账户，贷记"公积公益金"账户	借：固定资产——（固定资产项目名称） 　贷：银行存款 借：一事一议资金——××项目 　贷：公积公益金
使用一事一议资金购入需要安装的固定资产或用于项目工程 【注释】购入需要安装的固定资产或用于项目工程建设，按照项目支出金额，借记"在建工程"账户，贷记"库存现金"或"银行存款"账户。实际工程建设过程中，发生的购入物资款、安装费、人工费等都应计入在建工程成本。固定资产安装完工后，借记"固定资产"账户，贷记"在建工程"账户	借：在建工程——××项目 　贷：银行存款 工程竣工投入使用，结转固定资产时： 借：固定资产——××项目 　贷：在建工程——××项目
一事一议资金转为集体积累 【注释】工程验收合格，交付使用时，将实际支付金额转为集体积累，借记"一事一议资金"账户，贷记"公积公益金"账户	借：一事一议资金——××项目 　贷：公积公益金

四、系统流程解析

步骤一：点击左侧菜单栏的"资金支付申请"→"资金使用申请"，点击"新增"按钮，进入资金使用申请新增界面，如图3-4所示。

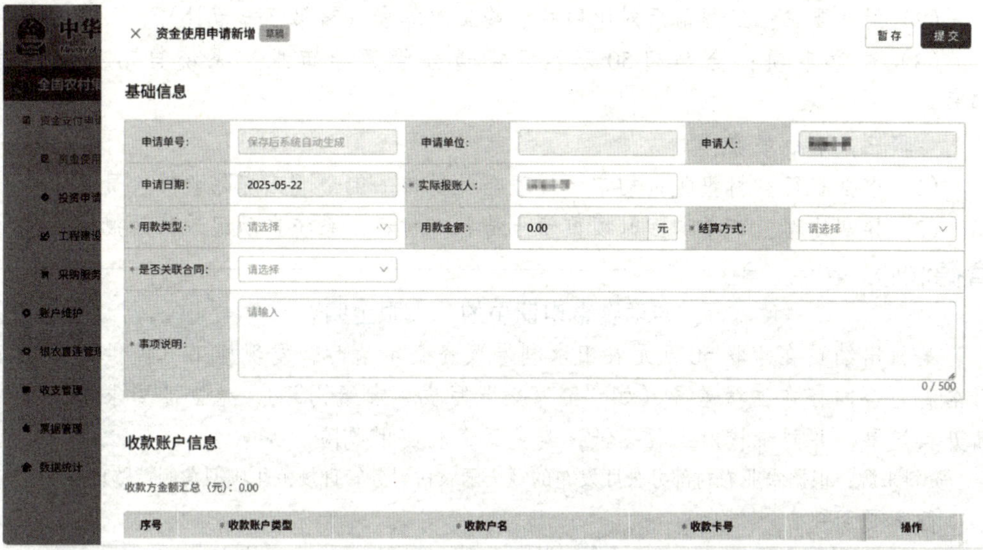

图3-4　资金使用申请新增界面

步骤二：填入实际报账人、用款类型、结算方式、是否关联合同、事项说明，申请单号、申请单位、申请人、申请日期由系统自动带出。

步骤三：填入收款账户信息，这里需要先确定结算方式。若选择银行转账/银行代扣，则点击"银行收款账户"或"导入银行收款账户"；若选择现金支付/其他，则点击"新建行"，录入相应信息。

步骤四：在收款账户信息中填入支付金额后，用款金额会自动写入，最后上传附件资料，点击"提交"。

> **功能指引3-1**
>
> 【后续审批】提交后的申请会根据此区域当前配置的审批流程进行审批任务的分配。审核员登录系统后，可在"审批管理"→"审批中心"→"待办已办"中对单据进行审核。
>
> 【后续查询】资金管理员可在资金使用申请界面查询该单据的当前审批情况。

任务实施

针对"任务布置"中的经济业务，相关处理程序如下：

步骤一：材料准备

（1）工程类资金需要的附件：工程合同（需备案）、中标通知书、监理进度单、税务发票（金额与合同一致）、验收单。

（2）系统操作：在"资金使用申请"模块选择"财政专项资金"类型，关联合同编号，上传扫描件。

步骤二：系统录入

（1）填写要素：用款类型、结算方式、收款账户信息。

（2）附件要求：工程前后对比照片、竣工决算表（需第三方审计）。

（3）注意事项：金额超50万元须街道分管领导审批，系统自动生成单据编号。

步骤三：审批跟踪

（1）审批路径：村报账员初审→代理会计复核→街道"三资"监管人员终审。

（2）异常处理：审批退回时须重新上传补充材料，系统自动记录修改痕迹。

育德润心

专项资金申请中的"火眼金睛"

某村出纳员在审核50万元农田水利专项资金申请时，发现施工方提供的发票项目名称与合同存在细微差异（如"灌溉渠"写成"灌溉沟"），她立即要求施工方重新开具发票，并同步核对工程图纸，避免了资金使用风险。

资料来源：根据农业农村部办公厅发布的《全国农村财务管理规范化典型案例》整理。

德育要素：

（1）严谨细致的职业态度：对票据细节的极致追求，体现责任意识。

（2）依法依规的行事准则：严格执行《农村集体经济组织会计制度》，维护资金安全。

职业点拨：

（1）建议建立"票据核对清单"，逐项比对合同、发票、验收单等关键信息。

（2）利用系统"附件关联"功能，实现材料间的智能校验。

任务二 收支资金登记

任务布置

2025年4月，某村收到村民土地流转租金3万元（现金），同时支付村道硬化工程进度款15万元。

思考：

（1）现金收入如何合规登记？

（2）工程进度款支付需要哪些审批材料？

（3）如何确保收支数据与银行流水一致？

知识点拨

一、收款资金管理

（一）资金收取要求

1.专户管理制度

村集体所有资金收入必须通过"三资"服务中心统一设立的专用银行账户进行结算，严禁私设账户或坐收坐支。应按委托单位分别建立银行存款明细账，实行支票式管理，凭印鉴支取资金。财务印鉴分人保管：村集体经济组织财务专用章由中心代管，出纳与会计个人名章由本人保管，形成相互制约机制。

2.收支两条线管理

所有收入款项（含经营性收入、资产处置收益、上级拨款等）须在收到后2个工作日内（5 000元以上当日）全额存入专用账户，不得滞留现金或直接用于支出。严格区分资金性质，按《农村集体经济组织会计制度》分类核算。

3.合规性审查

收入确认需要以合同协议、上级批复文件、验收证明等有效凭证为依据，确保来源合法合规。禁止虚构交易、隐匿收入或通过"白条""小金库"等形式规避监管。

（二）收款操作流程

1.收款信息确认

（1）核对付款方名称、金额、用途及审批文件，确保与经济业务实质一致。

（2）区分经营收入（如租金、承包费）、投资收益（如股金分红）、专项应付款（如扶贫资金）等不同类型，开具财政监制的专用收款收据或税务发票。

（3）重大项目收入需要附"四议两公开"会议记录、合同备案表等材料。

2.款项收取方式

（1）现金收取：当面清点并开具收据，加盖"收讫"章及财务专用章，当日存入银行。单日累计现金收入超过5 000元的，需要提前报备中心主任。

（2）银行转账：通过专用账户接收款项，及时核对银行回单，确保到账金额与应收金额一致。收到电子回单后，同步更新资金台账。

（3）票据收取：审核支票、汇票等票据要素完整性（日期、金额、签章等），登记票据台账并于2个工作日内办理托收手续。

（4）电子支付：推广"资金收款码"等非现金结算方式，通过微信、支付宝等渠道接收款项，实时关联专用账户并生成电子凭证。

3.票据与凭证管理

（1）使用县农业农村部门统一发放的收款收据，实行"会计开票、出纳收款"双签制度。收据存根联按月装订归档，保存期不少于15年。

（2）对代垫款项、往来结算资金等非收入类款项，需要单独标注并贷记"其他应付款"或"内部往来"账户。

知识精讲3-2

收支资金登记

（三）分级审批与台账管理

1.大额收入备案制度

单日收款超过5万元的，需要经中心主任审核；超过50万元的，报街道分管领导审批；超过500万元的，由街道主任最终审批。土地征收补偿、资产处置等重大收入，需要附评估报告、村民代表大会决议等文件。

2.资金台账动态管理

建立收款台账，详细记录每笔收入的时间、金额、来源、票据编号及审批层级，每日与会计总账核对。按季度生成资金收支明细表，同步上传至"阳光村务"平台，接受村民监督。

3.备用金限额控制

村级备用金实行限额管理：1 000人以下村不超过1 000元，1 000人以上村不超过2 000元。备用金用于零星开支，严禁用于工程建设、设备采购等大额支出。

（四）账务处理规范

1.科目设置与核算

按最新制度设置"银行存款""库存现金""应收款""经营收入""投资收益""专项应付款"等科目。

收到投资分红时，借记"银行存款"，贷记"投资收益"；收到上级拨款时，区分专项用途，贷记"专项应付款"或"补助收入"。

2.凭证审核与归档

收款凭证需要附合同、审批单、银行回单等，由出纳与会计双人复核后登记入账。电子支付凭证需要打印纸质版并加盖"电子收讫"章，与银行流水明细对应归档。

3.对账与盘点机制

每日进行现金盘点，编制现金盘点表；每月编制银行存款余额调节表，确保账实、账账相符。每季度联合审计部门开展资金专项检查，重点核查大额收入的真实性及票据使用的合规性。

（五）风险防控与监督

1.印鉴与密码管理

银行预留印鉴分人保管，出纳掌握个人名章，会计掌握财务专用章，严禁一人保管全部印鉴。电子支付密码器实行双人分管，定期更换密码。

2.禁止行为清单

严禁挪用公款、白条抵库、公款私存及私设"账外账"；禁止拆分大额收入规避审批。发现异常资金流动或票据违规使用，需要立即向中心主任及街道纪委报告。

3.公示与培训机制

每季度通过村务公开栏、微信群等渠道公示收款明细，接受村民质询。定期组织出纳员参加"三资"管理培训，强化财经法规意识与系统操作能力。

二、付款资金管理

（一）资金支付原则

1.预算刚性约束

严格执行年度财务预算，未纳入预算或超预算支出须履行"四议两公开"程序及追加审批。预算外支出单笔超过 5 000 元的，须经村民代表大会审议通过并报街道备案。

2.非现金结算制度

全面取消现金支付（除村内自产农副产品采购单次不超过 500 元外），所有支出通过银行转账或村务卡结算。与独立核算单位的交易必须使用银行转账，严禁将资金转入个人账户（特殊情况须附情况说明）。

3.多级审批控制

资金支付实行"村报账员申请→代理会计初审→村"两委"审批→街道"三资"监管人员审核→出纳支付"五级流程，5 万元以下由村民委员会主任审批，5 万～50 万元报街道分管领导审批，50 万元以上需要街道主任最终审批。

（二）付款审批流程

1.申请与初审

村报账员通过"三资"数字管理系统提交付款申请，附发票、合同、验收单等扫描件，并在村务监督群公示 3 日。代理会计审核票据的合规性（发票真伪、签章完整性）、资金用途的合理性，核对预算指标后提交村"两委"。

2.村级审批

村民委员会主任、支书联审支出事项，重大项目须附"四议两公开"会议记录。理财小组对原始凭证真实性、完整性进行二次审核，加盖审核章。

3.街道复核

街道"三资"监管人员通过系统核查审批链条完整性，重点审查：

（1）工程类支出是否按进度支付（附监理报告）；

（2）设备采购是否履行政府采购程序；

（3）借款是否约定还款期限及违约责任。

4.支付执行

出纳收到系统推送的电子审批单后，通过网银直联支付至收款人账户。村务卡支出需要在免息期前 10 日完成报销，逾期费用由持卡人承担。

（三）支付方式管理

1.日常运营支出

办公费、水电费等使用村务卡结算，持卡人须在 3 个工作日内提交 POS 小票及发票。

村内劳务报酬通过银行转账至个人账户，附务工人员签字确认清单。

2.工程建设支出

实行"合同备案制"，中标通知书、施工合同须提前上传系统。按工程进度分期付款（首付不超过合同价30%），每次付款须监理单位出具进度证明。质保金预留比例不低于合同价的5%，待验收合格1年后支付。

3.预支款项管理

办公经费预支：填写《借款单》，1万元以下由村民委员会主任审批，1万元以上须街道分管领导签字。

工程周转金预支：提供中标合同、施工方案，预支比例不超过合同价的15%，须街道主任审批。

预支款需要在业务完成后10个工作日内核销，超期未还款项从责任人补贴中扣除。

（四）账务处理规范

1.科目设置与核算

（1）日常支出：借记"管理费用""经营支出"账户，贷记"银行存款"账户。

（2）工程支出：按进度借记"在建工程"账户，完工后转入"固定资产"账户。

（3）往来结算：借记"其他应收款"账户，贷记"银行存款"账户。

2.凭证审核要点

发票须有税务监制章、开票单位签章，购买物品须附明细清单。支付证明单须注明资金用途、收款人信息，并有经办人、证明人签字。电子回单须打印纸质版并加盖"转账付讫"章，与审批单对应归档。

3.对账与监控

每日核对银行流水与系统支付记录，确保账实一致。每月生成"付款明细表"，标注预算执行率、资金沉淀率等指标，报街道财政所。

三、风险防控措施

（一）账户与印鉴管理

银行账户实行"双U盾"管理，支付指令须出纳与会计分别审核。财务专用章由街道"三资"中心保管，村支书、中心主任名章由本人保管，严禁混用。

（二）禁止行为清单

严禁拆分大额支出规避审批，严禁向非合同约定账户付款；不得将资金转入村干部个人账户，不得虚开发票套取资金。

（三）监督机制

每季度开展付款专项审计，重点检查：

（1）大额支出的必要性与合规性；

（2）工程款项支付与进度匹配度；

（3）预支款核销的及时性。

特别提示3-1

建立"异常支付预警"机制，如果同一收款人单日累计付款超10万元，将触发人工复核。

四、系统流程解析

（一）收款录入

步骤一：点击左侧菜单导航栏的"收支管理"→"收款登记"，点击"收款录入"，进入收款录入界面，如图3-5所示。

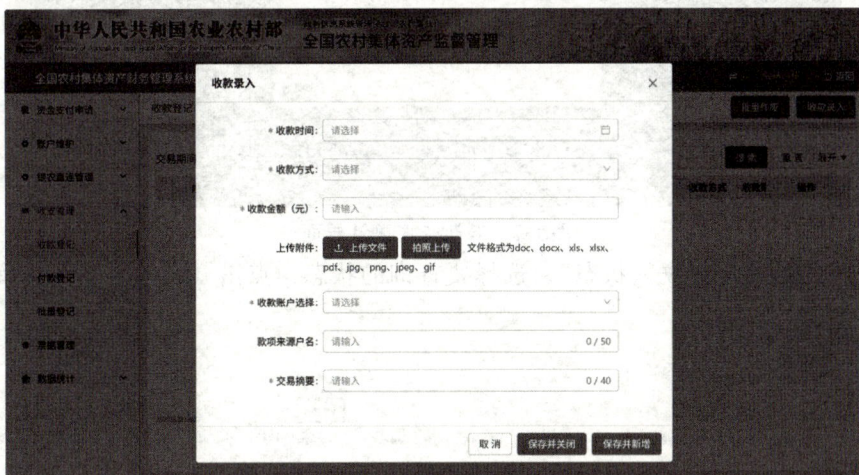

图3-5　收款录入界面

步骤二：填写收款时间、收款方式、收款金额、收款账户选择和交易摘要等必填字段，完成后点击"确定"按钮。

步骤三：收款方式选择银行收款记录，需要填入款项来源户名、款项来源卡号、交易摘要。

步骤四：最后，点击"确认"即可。

（二）票据入库

点击"票据开具"，填入票据类型、票据编号、起始号段、结束号段上传，最后点击"确认"即可，如图3-6所示。

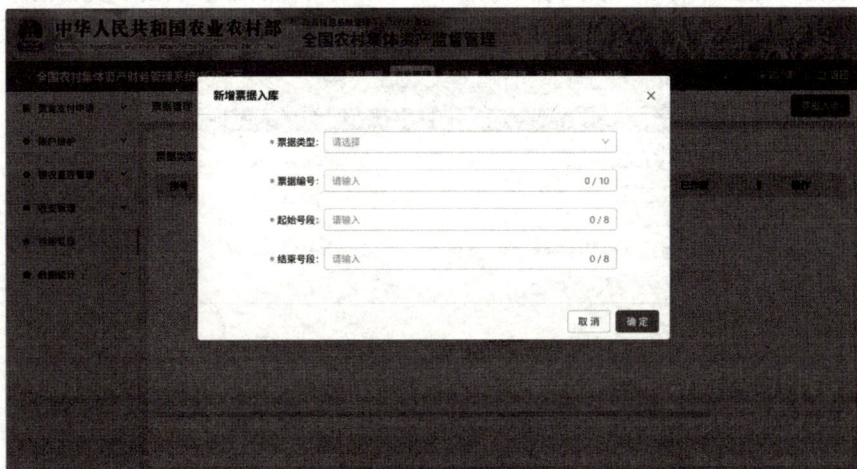

图3-6　票据入库界面

（三）收款作废

步骤一：点击 "作废"，进入收款作废确认界面，填写作废原因，点击 "确认"，即可删除成功，如图3-7所示。作废后该笔收款不列入系统自动计算的账户余额内。

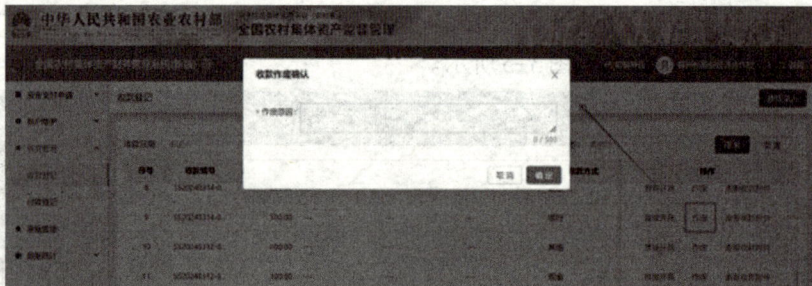

图3-7 收款作废确认界面

步骤二：点击 "收款状态"，选择要查询的状态，点击 "搜索" 即可查询，如图3-8所示。

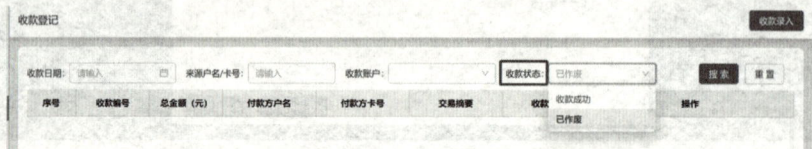

图3-8 收款状态查看界面

（四）付款登记

付款登记有两种方式：一是用款申请单付款登记，该方式登记通过资金使用申请、投资申请、工程建设申请、采购服务申请等功能发起的申请提交，审批工作人员审核通过后同步在该界面；二是手工付款登记，该方式通过点击付款录入，完成登记同步在该界面。这两种登记方式选择其一即可。

1.用款申请单付款登记

步骤一：点击左侧菜单导航栏的 "收支管理" → "付款登记"，点击 "用款申请单付款登记"，进入用款申请单付款登记界面，如图3-9所示。点击 "支付清单"，进入支付详情界面。选择一条数据支付记录，点击 "支付"，进入支付界面。

图3-9 用款申请单付款登记界面

　　步骤二：点击"☑"，选择需要支付单据；点击"支付"按钮，进入其他支付登记界面；选择"支付成功或者支付失败"。若选择"支付成功"，进行支付成功登记，录入支付时间、支付方式、上传附件、账户选择等信息（如图3-10所示），点击"确定"按钮，系统提示"本次登记支付金额情况是否确认登记支付"，点击"确认"按钮，支付状态为支付成功。若选择"支付失败"，进行支付失败原因登记，点击"确定"按钮，支付状态为支付失败。

图3-10　支付成功登记界面

功能指引 3-2

　　【付款支付作废】当支付成功的单据需要进行银行账户等信息修改时，点击"☑"，选择需要作废的支付单据；点击"作废"按钮，进入付款作废确认界面，如图3-11所示；输入作废原因，点击"确定"按钮，按原记录生成新的待支付记录，可以重新登记支付成功的信息。

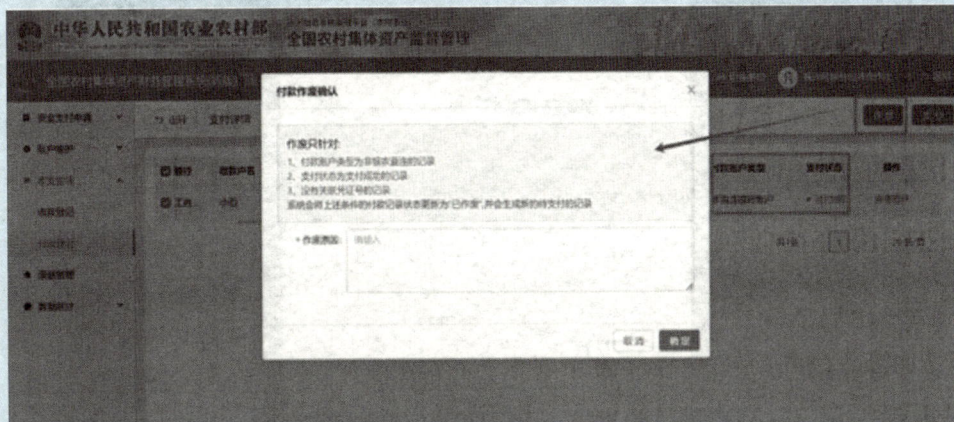

图3-11　付款作废确认界面

特别提示3-2

除付款账户类型是银农直连银行账户并且支付状态为支付成功的，没有关联凭证号的记录，才能作废。

2.手工付款登记

步骤一：点击左侧菜单导航栏的"收支管理"→"付款登记"，点击"手工付款登记"，进入手工付款登记界面，如图3-12所示。

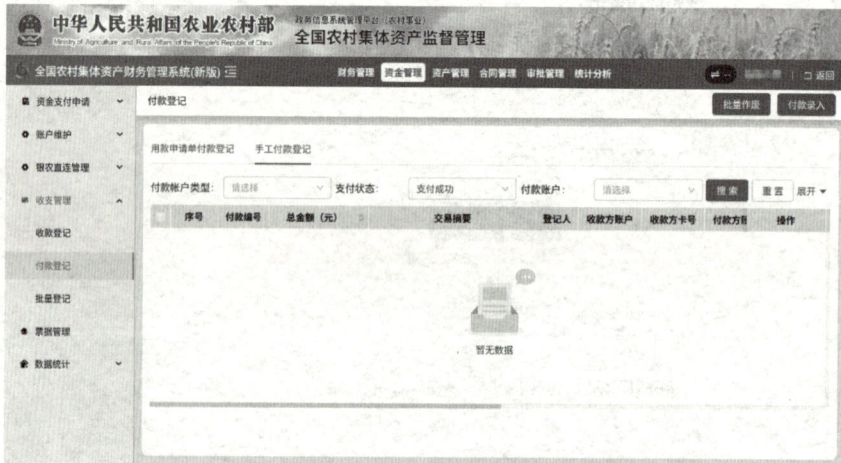

图3-12　手工付款登记界面

步骤二：点击"付款录入"，进入付款录入界面，依次填写支付时间、付款方式、付款账户选择、支付金额、支付摘要、交易模式、收款账户名等必填信息，收款账户卡号、收款账户开户银行可以选填，如图3-13所示。付款录入界面的交易模式有对外付款和内部互转两种方式。其中，"内部互转"方式指线下在银行操作的存资金和取资金。当付款方式选择完成后，当前账户余额是自动带出的。填写完成点击"保存并关闭"按钮，即可完成付款录入。

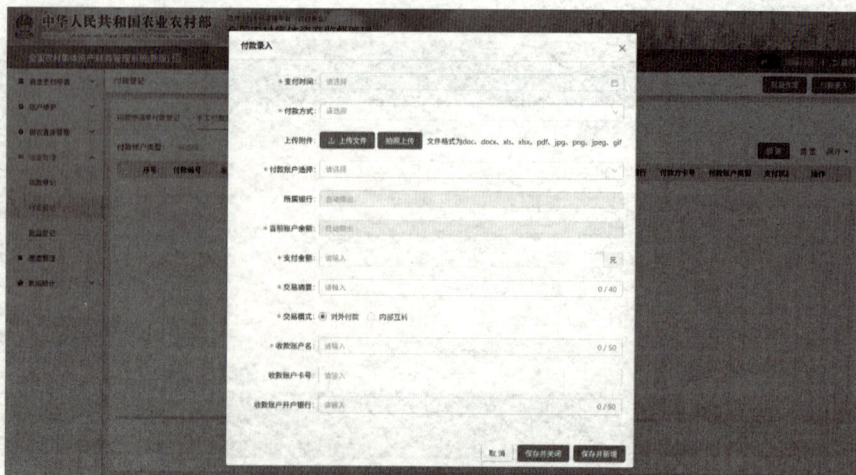

图3-13　手工付款登记界面

功能指引 3-3

【付款支付作废】点击"作废"，进入付款作废确认界面，填写作废原因，点击"确定"按钮，即可删除成功，如图3-14所示。作废后该笔付款不列入系统自动计算的账户余额内。

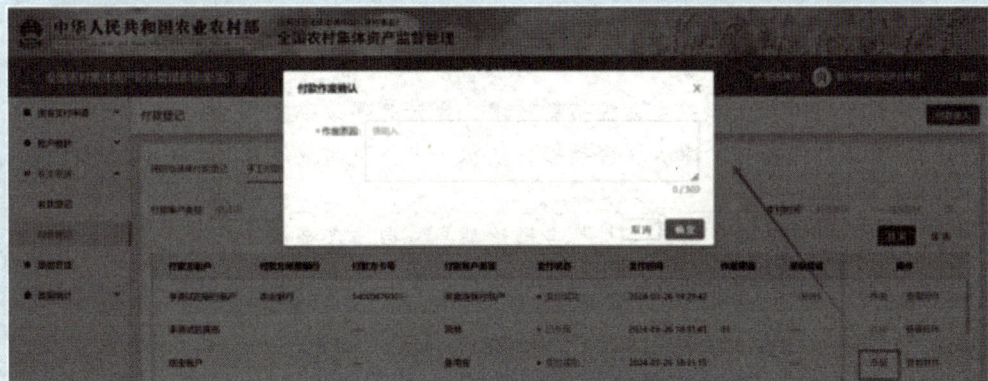

图3-14　手工付款登记作废界面

特别提示 3-3

只有未关联凭证的付款记录可以作废。

任务实施

针对"任务布置"中的经济业务，相关处理程序如下：

步骤一：现金收入登记

（1）操作：当面清点现金，开具"农村集体经济组织内部往来结算票据"，当日存入专用账户。

（2）系统录入：在"收款登记"模块选择"现金"方式，关联票据编号，上传村民签字的"租金收缴清单"。

步骤二：工程进度款支付

（1）审核材料：监理单位出具的进度证明、施工方发票、合同备案表。

（2）系统操作：在"付款登记"模块选择"用款申请单付款"，关联合同编号，上传进度证明扫描件。

（3）支付执行：通过网银直联支付至施工方账户，系统自动生成电子回单。

步骤三：对账与监控

（1）每日现金盘点：编制"现金盘点表"，确保账实一致。

（2）银行对账：每月5日前完成"银行存款余额调节表"，标注未达账项。

育德润心

"零现金村"的创新实践

某村出纳员推行"资金收款码"，将全村土地流转租金通过微信、支付宝收取，实时生成电子凭证。同时建立"村级备用金限额管理制度"，全年现金使用量同比下降87%，资金安全指数提升40%。

资料来源：根据农业农村部办公厅发布的《全国农村财务管理规范化典型案例》整理。

德育要素：

（1）数字化创新意识：主动拥抱新技术，提升管理效率。

（2）廉洁自律精神：减少现金接触，从源头上防范腐败风险。

职业点拨：

（1）建议定期参加"数字乡村"专题培训，掌握非现金结算工具。

（2）制作现金使用明白卡，明确500元以下农副产品采购的操作规范。

任务三　票据录入及管理

任务布置

2025年5月，某村集体收到村民缴纳的土地流转租金（需开具财政收据）、农产品销售收入（需开具税务发票），同时需要支付村内保洁员劳务费（需使用内部票据）。出纳员需要完成三类票据的录入、开具及归档工作。

思考：

（1）如何区分不同票据类型并正确选择适用场景？

（2）系统操作中如何关联合同与上传附件？

（3）如何确保电子票据与纸质票据的一致性？

知识点拨

知识精讲3-3

票据录入及管理

一、票据分类及适用场景

票据分类与适用场景见表3-7。

表3-7　　　　　　　　　　　票据分类与适用场景

票据类型	适用范围	管理要点	会计科目
财政收据	非经营性收入（如押金、借款）	财政监制章+连续编号，不得用于经营开票	其他应付款/内部往来
税务票据	经营性收入（租金、农产品销售）	税务系统验真，备注村集体统一信用代码	经营收入/发包及上交收入

续表

票据类型	适用范围	管理要点	会计科目
银行票据	支票、汇票、电汇凭证	登记票据台账，记录背书流转信息	银行存款/应收票据
内部凭证	借款单、现金支出凭单（不超过500元的农副产品采购）	经办人+证明人双签，附采购清单及农户签字	管理费用/经营支出
电子票据	微信/支付宝收款码回单、数字人民币凭证	打印纸质版并加盖"电子收讫"章，关联交易流水	库存现金/银行存款

二、票据申领与保管

（一）票据领用登记

1.财政收据

凭"票据领用申请表"（村支书+中心主任双签）领取，每本25份，登记起止编号（例如：2025年南宁青秀区某村领用NO.001–025）。

2.税务发票

通过电子税务局申领，首次领用须附发票使用承诺书，每月限量20份（超量须说明经营规模）。

3.银行票据

支票、电汇单由出纳在开户行专柜领取，登记《银行票据领用台账》，作废票据须剪角并标注"作废"。

（二）保管规范

1.专柜存放

配备防盗保险柜，收据与印鉴分柜保管（收据柜密码由出纳掌握，印鉴柜钥匙由会计保管）。

2.定期盘点

每月25日盘点库存票据，编制票据盘存表（含空白、使用、作废数量），差异超2份须书面说明。

3.电子票据归档

微信/支付宝交易记录按月导出PDF，标注交易时间、对方名称，与纸质台账一一对应。

三、票据录入流程及要点

（一）收款票据录入

步骤一：信息核对

（1）核对合同/协议；

（2）确认付款方信息（单位名称、统一信用代码，个人需要身份证号+联系方式）；

（3）校验审批文件（大额收入附村民代表大会决议，超50万元需要街道备案回执）。

步骤二：票据开具

（1）手工开具：使用黑色签字笔填写，收款人栏必须填写村集体全称，金额大小写一致，加盖财务专用章+出纳私章。

（2）电子开票：通过"农村三资管理系统"开具电子收据，同步推送给付款方（支持微信扫码查验）。

（3）特殊场景：如村内自产香蕉销售（假设付现金300元），开具内部收据，附农户签字的《农产品销售清单》。

步骤三：系统录入

（1）在"票据管理模块"登记：票据类型→编号→金额→收款日期→资金性质（如"经营收入–租金"）。

（2）关联附件：扫描合同、审批单、银行回单（电子支付截图须显示完整交易信息）。

（3）自动生成凭证：借记"银行存款"科目，贷记对应收入科目，同步推送至会计端复核。

（二）付款票据录入

步骤一：票据审核

（1）发票验真：通过"全国增值税发票查验平台"验证，重点核对开票日期（距付款日不超过6个月）、货物名称（需要与采购清单一致）。

（2）审批完整性：检查"四议两公开"记录（如工程支出）、理财小组审核章、街道审批意见（例如：50万元以上标注"街道主任20250314批"）

（3）签章检查：发票须加盖销售方发票专用章，行政事业单位收据须加盖财政监制章+财务章。

步骤二：系统录入

（1）登记"付款票据台账"：录入发票代码、号码、开票方信息，关联付款审批单编号（例如：FP20250314-01对应SP20250314-05）。

（2）标记票据状态：包括"待支付""已支付""退票重开"（如发票信息错误，需要3个工作日内退回）

（3）生成凭证：借记"在建工程/管理费用"，贷记"银行存款"，同步关联预算指标（显示超支预警）。

步骤三：票据归档

（1）纸质票据：按月装订，封面注明月份、票据类型、起止编号，保存期15年（电子票据另存为光盘）。

（2）特殊归档：

①工程发票：附中标通知书、进度验收单、监理报告（例如：某村道路硬化工程分3期付款，每期发票单独归档）。

②民生支出：医保代缴发票附代缴清册（含农户签字），高龄补贴发放表附户籍复印件。

四、特殊票据管理规范

（一）白条管理（仅限500元以下农副产品采购）

（1）适用范围：村内农户自产蔬菜、家禽等，单次不超过500元，每日累计不超过2 000元。

（2）必备要素：

①采购日期、物品名称及数量、单价；②农户签字+手印、村报账员证明、村务监督委员会盖章；③账务处理：借记"经营支出——原材料"，贷记"库存现金"，单独标记"白条支出"，季度公示接受质询。

（二）银行票据流转

（1）支票开具：收款人栏不得空白，限额50万元（超限额改用电汇），有效期10天内追踪到账。

（2）汇票贴现：须附村"两委"决议，贴现利息计入其他支出，登记"应收票据贴现台账"。

（3）退票处理：因印鉴不符等原因退票，须在2个工作日内重新办理，同步标注"退票重开"标识。

（三）电子票据管理

1.微信/支付宝收款

每日导出"交易流水明细"，标记"村集体收入"（避免与个人交易混淆）。

2.数字人民币支付

通过"数字人民币钱包"生成电子回单，打印后加盖"数字货币收讫"章，等同纸质凭证。

3.电子发票归档

通过"增值税电子发票公共服务平台"下载PFD格式，命名规则为：开票日期_开票方_金额（例如：20250314_南宁市绿农合作社_5 000元）。

五、风险防控与监督

（一）禁止行为清单

（1）开具"大头小尾"收据（存根联与发票联金额不一致）。

（2）重复使用已作废票据（作废票据须三联齐全并标注"作废"）。

（3）白条入账超限额（单次超过500元或无农户签字）。

（二）核查机制

1.月度抽查

随机抽取10%的票据，核查"票、账、款"的一致性（例：2025年3月抽查某村12份发票，发现1份无验收单，要求立即整改）。

2.年度审计

重点检查票据领用数量与收入金额匹配度。

3.系统预警

设置"连续3张票据间隔＜1小时"预警（防范虚开发票）。

（三）遗失处理流程

1.挂失

当日报告中心主任，登报声明作废（例如：《南宁日报》2025年3月16日声明NO.001-010收据遗失）。

2.备案

持报纸回执、情况说明到财政所备案，系统标注"遗失"状态。

3.追责

因保管不善遗失票据，扣减出纳当月绩效分（参照《青秀区"三资"管理考核办法》）。

六、系统流程解析

步骤一：点击左侧菜单导航栏的"票据管理"→"票据入库"，进入新增票据入库界面，如图3-15所示。

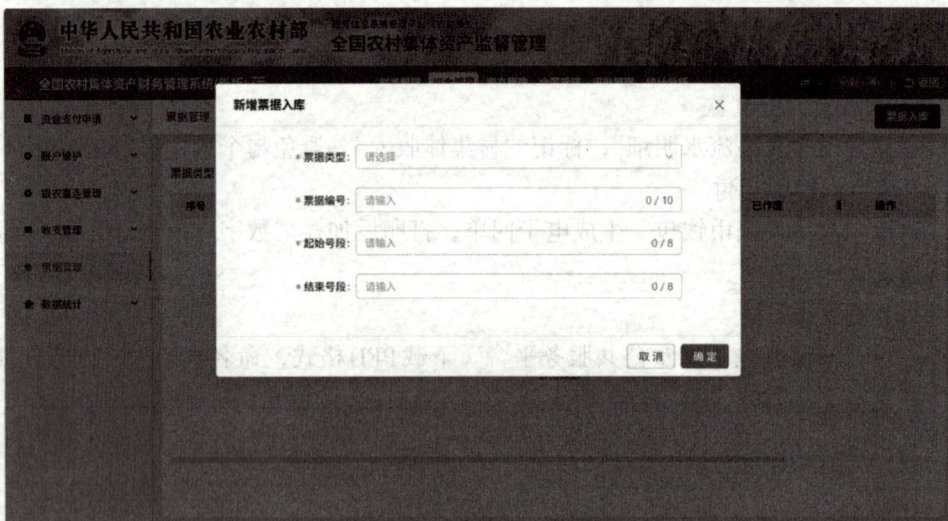

图3-15　票据入库界面

步骤二：填入票据类型、票据编号、起始号段、结束号段等信息。

任务实施

针对"任务布置"中的经济业务，相关处理程序如下：

步骤一：票据类型选择与信息核对

（1）土地流转租金：属非经营性收入，选择财政收据。核对村民签字的租金收缴清单与合同约定金额，确保户名与集体经济组织全称一致。

（2）农产品销售收入：属经营性收入，选择税务发票。校验客户提供的营业执照与统一信用代码，商品名称需要与实际销售品类（如"香蕉""芒果"）一致。

（3）保洁员劳务费：属日常运营支出，选择内部票据，附保洁员签字的考勤表及身份证复印件，单次金额不得超过500元。

步骤二：系统录入与票据开具

（1）财政收据：

路径："票据管理"→"票据开具"→"财政收据"

录入：收款日期、金额、收款方户名（村民姓名），关联租金收缴清单扫描件。

打印：加盖财务专用章与出纳私章，交村民留存。

（2）税务发票：

路径：通过"电子税务局"申领发票，同步录入"三资"管理系统。

信息：客户名称、商品名称、单价（需要与合同一致），备注栏标注村集体统一信用代码。

交付：将电子发票PDF发送至客户邮箱，纸质版盖章后归档。

（3）内部票据：

路径："收支管理"→"付款登记"→"内部票据"。

录入：收款人姓名、身份证号、劳务内容（如村内道路保洁），上传考勤表。

签章：经办人、证明人签字，村务监督委员会盖章。

步骤三：票据归档与风险防控

（1）纸质票据：按月装订，封面注明票据类型、起止编号（例如：2025年5月财政收据NO.001-025），保存期15年。

（2）电子票据：微信/支付宝交易记录导出为PDF，命名规则：交易日期_对方名称_金额（如"20250515_南宁市绿农合作社_5 000元"）。

（3）异常处理：

发票信息错误：3个工作日内退回重开，系统标注"退票重开"。

票据遗失：当日登报声明，系统标记"遗失"，扣减责任人绩效分。

步骤四：系统数据校验

（1）勾稽关系：

财政收据金额=系统"其他应付款"科目贷方发生额。

税务发票金额=系统"经营收入"科目贷方发生额。

内部票据金额=系统"管理费用"科目借方发生额。

（2）预警机制：设置"连续3张票据间隔＜1小时"预警，防范虚开发票。

育德润心

"票据管家"的责任担当

某村出纳员建立"票据生命周期管理台账"，记录每本收据的领用、使用、作废情况。在年度审计中，发现2023年某本收据缺失3份，她通过台账追溯到当时的经办人，并协助完成登报挂失，避免了潜在风险。

资料来源：根据农业农村部办公厅发布的《全国农村财务管理规范化典型案例》整理。

德育要素：
（1）历史责任感：重视档案管理，对集体资产保值增值负责。
（2）风险预判能力：通过台账分析提前发现管理漏洞。
职业点拨：
（1）建议使用"票据二维码管理系统"，实现票据全流程追溯。
（2）每季度开展票据自查，重点核查作废票据的完整性。

任务四　统计收支数据

任务布置

2025年5月，某村需要编制季度资金收支报告，要求统计经营性收入占比、专项资金使用率等指标。

思考：
（1）如何生成收支日记账？
（2）专项资金使用率如何计算？
（3）如何通过数据发现异常资金流动？

知识点拨

知识精讲3-4

统计收支数据

一、收支日记账及其登记

（一）认识收支日记账

1.收支日记账的概念

收支日记账是农村集体经济组织以收付实现制为基础，对现金、银行存款等货币资金收支业务进行序时、逐笔登记的账簿，是反映村级资金流动的第一手会计资料。

2.收支日记账的作用

（1）实现日清月结：每日核对库存现金与账面余额，确保资金安全。
（2）支撑账证相符：作为原始凭证与总账之间的桥梁。
（3）满足监管要求：为村务监督、审计检查提供连续完整的资金流向记录。

（二）收支日记账的登记原则

1.真实性原则

（1）依据审核无误的原始凭证登记，包括发票、银行回单、审批单等。
（2）严禁虚构业务或擅自调整记账凭证内容。

2.及时性原则

（2）当日发生的业务当日登记，不得累计或延迟记账。
（3）银行存款业务需要在取得对账单后2个工作日内核对完毕。

3.双线登记原则

（1）出纳登记日记账，会计登记总账及明细账，形成相互牵制。

（2）月末须进行账账核对：日记账余额=总账货币资金科目余额。

（三）注意事项

（1）每日下班前完成日结核对。相关计算公式如下：

库存现金日记账余额=实际库存现金

银行存款日记账余额=银行对账单余额（未达账项须编制银行存款余额调节表）

（2）跨年度查询需要经"三资"中心主任审批，并登记"档案调阅登记簿"。

（3）发现日记账与凭证不符时，应立即标记红色警示，并提交会计主管核查。

二、收支记录的基本内容

（一）收支记录的统计维度

1.按资金性质分类

（1）经营性收支：与生产经营直接相关（如销售收入、农药采购）。

（2）非经营性收支：转移性收支、投资收益、捐赠等（如政府补助、利息收入）。

2.按管理需求分类

（1）项目维度：跟踪专项项目资金（如高标准农田建设项目）。

（2）主体维度：统计经办人、村民小组、企业等主体的收支情况。

（3）时间维度：生成日报、月报、年报及跨期对比分析。

（二）统计指标体系

1.核心指标

核心指标说明见表3-8。

表3-8　　　　　　　　　　　　　核心指标说明

指标类型	计算公式	管理意义
收支总额	总收入=Σ各收入科目发生额	反映村集体资金规模
收支净额	净收入=总收入-总支出	体现当期资金结余情况
专项资金使用率	专项支出/专项拨款×100%	监控项目执行进度

2.报表勾稽关系

日记账发生额合计=总账对应科目发生额

资产负债表（农会01表）"货币资金"项目=日记账期末余额

（三）账务处理逻辑

1.应收款管理

（1）理论依据：权责发生制下确认债权。

（2）统计重点：账龄分析（1年以内/1-3年/3年以上）。

（3）坏账处理：经村民代表大会决议后，通过"其他支出——坏账损失"核销。

2.应付款管理

（1）理论依据：负债确认原则（与收入/费用配比）。

（2）统计重点：区分经营性应付款（如欠付货款）与非经营性应付款（如暂收押金）。

（四）统计分析方法

1.对比分析法

（1）同比分析：如分析2025年3月收入对比2024年3月收入变化。

（2）结构分析：经营性收入占总收入比重。

2.因素分析法

以分析"管理费用增加"的原因为例：第一种因素基期数据如2024年差旅费5万元；第二种因素当期数据如2025年差旅费8万元；第三种因素差异原因如乡村振兴会议频次增加。

（五）统计合规性要求

1.数据来源

（1）必须基于已审核记账凭证，未经审批的单据不得纳入统计。

（2）电子数据需要与纸质档案双套归档，保存期限不少于15年。

2.信息披露

（1）月度收支需要在次月10日前向村民公开，公示期不少于7天。

（2）公开内容应包含明细项目（如"办公费"需要列示具体采购物品）。

三、系统流程解析

（一）票据录入

步骤一：点击左侧菜单导航栏的"数据统计"→"收支日记账"，查看当月资金使用申请发生的银行、现金收入支出的明细，可查看当前收入支出的合计数据，如图3-16所示。

图3-16　收支日记账界面

步骤二：可针对所属组织的选择，查看对应单位的收支明细。点击"导出"，也可将相关收支日记账进行导出核对。

（二）支付记录

步骤一：点击左侧菜单导航栏的"数据统计"→"支付记录"，查看资金使用审批通过后需要支付的相关记录。已支付的，可查看相关付款附件；未支付的，会显示状态为待支付，如图3-17所示。

图3-17 支付记录界面

步骤二：点击"导出"，可以进行批量导出下载。

（三）收款记录

步骤一：点击左侧菜单导航栏的"数据统计"→"收款记录"，针对收款记录，可进行收款附件的查看，如图3-18所示。

图3-18 收款记录界面

步骤二：点击"导出"，可以进行批量导出下载。

任务实施

针对"任务布置"中的经济业务，相关处理程序如下：

步骤一：生成收支日记账

（1）系统操作：在"数据统计"模块选择"收支日记账"，筛选日期范围。

（2）导出核对：将数据导出为 Excel，与银行流水逐笔核对。

步骤二：专项资金使用率计算

（1）公式：（专项支出/专项拨款）×100%。

（2）示例：某村收到专项资金50万元，已支出45万元，使用率为90%。

步骤三：异常资金流动监控

（1）系统预警：设置"单日同账户支付超10万元"预警。

（2）人工复核：对预警记录进行穿透式核查，附情况说明。

育德润心

数据背后的民生关怀

某村出纳员通过系统生成的"高龄补贴发放统计表"，发现3名80岁以上老人未按时领取补贴。她立即联合村"两委"核查，发现因银行系统升级导致代发失败，及时协调解决并补发了资金，赢得村民赞誉。

资料来源：根据农业农村部办公厅发布的《全国农村财务管理规范化典型案例》整理。

德育要素：

（1）服务为民的初心：从数据中发现民生问题，践行群众路线。

（2）主动作为的意识：超越"记账员"角色，成为集体资金的守护者。

职业点拨：

（1）建议设置"民生支出预警指标"，如"超期未发放资金占比"。

（2）定期与民政部门数据对接，确保补贴发放精准到位。

任务五　账户信息维护

任务布置

2025年5月，某村因土地征收款需要新增专用账户，同时需要维护长期合作供应商的收款方信息。

思考：

（1）新增专用账户需要哪些审批材料？

（2）如何在系统中维护收款方信息？

（3）账户变更时如何确保资金安全？

知识点拨 ■

一、新增单位账户管理

（一）单位账户管理的工作职责

1.开户申请与资料审核

审核村集体提交的开户材料（包括开户申请书、法人身份证、公章、财务章、法人章、集体经济组织登记证等）。确保材料齐全、印章清晰，符合银行与农业农村部门的备案要求。

2.系统录入与备案

在农村集体"三资"管理系统中录入账户信息，同步更新村集体银行账户台账。向县级农业农村部门、财政部门备案新账户，留存备案回执。

3.账户启用与日常管理

接收银行开户许可证，核对账户信息（账号、开户行、预留印鉴等）。定期与银行对账，确保账实一致。

（二）新增单位账户操作流程

新增单位账户操作流程如图3-19所示。

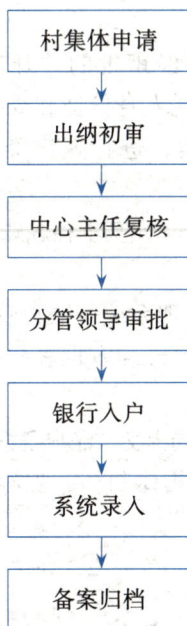

知识精讲3-5

账户信息维护

村集体申请

↓

出纳初审

↓

中心主任复核

↓

分管领导审批

↓

银行入户

↓

系统录入

↓

备案归档

图3-19　新增单位账户操作流程

步骤一：村集体申请

（1）操作内容：村集体填写"农村集体银行账户开立申请表"，并提交以下材料：集体经济组织登记证（副本原件及复印件）、法人身份证（原件及复印件）、公章、财务章、法人章、开户授权委托书（非法人办理时提供）、开户用途说明（如专项资金专用、日常经营等）。

（2）审核要点：一是申请表填写完整，加盖村集体公章及法人签字；二是证件复印件须标注"与原件一致"并加盖公章；三是开户用途须符合《农村集体资金管理办法》规定。

步骤二：出纳初审

（1）操作内容：

①核对材料完整性，包括申请表、登记证、法人身份证、印章、委托书（如需）。

②登录农村集体"三资"管理系统，查询该村集体已有账户数量，基本账户只有1个（原则上不新增），专用账户须附乡镇政府审批文件。

（2）异常处理：当材料不全时退回村集体并一次性告知补正内容，当超账户数量时拒绝申请并说明政策依据。

步骤三：中心主任复核

操作内容：复核开户必要性，如因土地征收款须开立专用账户，需要附征收协议。签署复核意见，不同意需要注明理由。

步骤四：分管领导审批

操作内容：提交"开户申请表"及附件至乡镇分管领导，审批通过后，领取签字盖章的申请表。

步骤五：银行开户

（1）操作内容：

①携带以下材料至银行办理：经审批的"开户申请表"、集体经济组织登记证（原件）、法人身份证（原件）或受托人身份证和委托书、公章、财务章、法人章。

②配合银行完成预留印鉴采集，进行账户类型选择（基本户、专用户或一般户），如有需要可开通网银权限。

（2）领取材料：银行开户许可证（或基本存款账户信息表）、网银U盾、结算卡等。

步骤六：系统录入

（1）系统操作路径："三资"管理系统→账户管理→单位账户管理→新增。

（2）附件上传：开户许可证扫描件和审批表扫描件。

步骤七：备案归档

（1）对外备案：向县级农业农村局提交"账户备案表"并向乡镇财政所同步账户信息。

（2）内部归档：纸质材料按村集体归档，保存期15年，电子档案系统自动生成账户二维码，关联村集体档案。

（三）账务处理节点

账务处理节点见表3-9。

（四）注意事项

1.账户使用限制

专用账户不得支取现金，须在申请表中注明。基本账户提取现金须附大额现金支取申请表。

2.系统权限控制

出纳员仅有录入权，审核权由中心主任掌握。账户信息修改须双人复核。

表3-9　　　　　　　　　　　　　账务处理节点

操作环节	业务场景	会计分录
账户开立	不涉及资金变动	无账务处理，仅台账登记
首次存入资金	收到上级补助	借：银行存款——××账户 　　贷：补助收入——××项目
账户销户	余额转入基本户	借：银行存款——基本账户 　　贷：银行存款——××账户
账户变更	因印鉴变更等产生手续费	借：其他支出——银行手续费 　　贷：银行存款——基本账户

3.风险点提示

严禁为个人、企业或非集体经济组织开立账户。银行预留手机号必须为"三资"中心固定电话或出纳员公务手机。

二、新增收款方账户管理

（一）收款方账户管理的工作职责

1.收款方资料审核

审核收款方提供的账户信息（包括单位名称、账号、开户行、营业执照/身份证复印件等）。核对收款方名称与合同、发票抬头一致，避免"公款私存"。

2.系统录入与动态更新

在"三资管理系统"中建立收款方档案，标记"常用收款方"或"临时收款方"。收款方账户变更时，及时更新系统信息并通知相关业务人员。

3.付款校验

付款前再次核对收款方账户信息，确保与系统登记一致。

（二）新增收款方账户操作流程

新增收款方账户操作流程如图3-20所示。

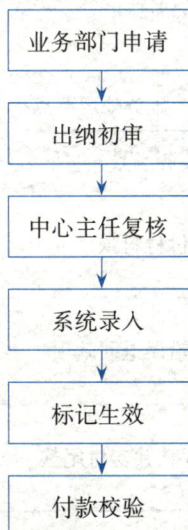

业务部门申请

↓

出纳初审

↓

中心主任复核

↓

系统录入

↓

标记生效

↓

付款校验

图3-20　新增收款方账户操作流程

步骤一：业务部门申请

（1）操作内容：业务部门填写"收款方账户信息登记表"，并提交以下材料：对于单位收款方，营业执照复印件（加盖公章）、开户许可证或基本账户信息表、合同/协议（含付款条款）；对于个人收款方，身份证复印件、村集体会议决议（注明收款事由）、劳务合同或领款凭证。

（2）审核要点：收款方名称与合同、发票抬头一致；个人收款方须注明"个人账户用于××项目劳务费"等具体用途。

步骤二：出纳初审

操作内容：第一，审核核对材料完整性，需要登记表、资质证明、合同、会议决议（个人）；第二，验证收款方唯一性，在系统中搜索收款方名称，避免重复录入。

步骤三：中心主任复核

操作内容：审核业务真实性，例如工程类付款须附中标通知书、施工进度表；签署复核意见，标注"常用"或"临时"收款方（临时收款方仅限单次付款）。

步骤四：系统录入

（1）系统操作路径："三资"管理系统→基础信息→收款方管理→新增。

（2）附件上传：营业执照或身份证扫描件和合同关键页（含甲乙双方签章页）。

步骤五：标记生效

（1）常用收款方：长期合作单位，无失效日期，系统默认勾选"常用"。

（2）临时收款方：单次付款后自动标记"已失效"，须重新申请才能再次使用。

步骤六：付款校验

操作内容：付款时调取系统收款方信息，与以下内容核对：合同约定的收款账户、发票上的开户行及账号。双人复核"出纳录入信息→会计复核→中心主任审批"。

（三）账务处理节点

账务处理节点见表3-10。

表3-10   账务处理节点

操作环节	业务场景	会计分录
首次付款	支付材料款	借：应付款——××公司 　　贷：银行存款——基本账户
临时收款方退款	因账号错误退回款项	借：银行存款——基本账户 　　贷：应付款——××个人
长期合作结算	结清工程款并支付尾款	借：在建工程——××项目 　　贷：银行存款——专用账户

（四）注意事项

1.个人收款方限制

单笔超过1万元的个人收款须附完税证明。不得向村集体干部及其亲属个人账户支付工程款。

2.系统权限控制

出纳员仅有录入权，修改或删除须中心主任审批。收款方信息变更须重新提交申请。

3.风险防控

新增关联方（如村集体参股企业）需附股权证明。系统自动比对收款方名称与黑名单库（如失信企业）。

三、系统流程解析

（一）新增单位账户

步骤一：点击左侧菜单导航栏的"账户维护"→"单位账户"，根据业务实际情况，选择对应的账户进行新增，如图3-21所示。

图3-21　新增单位账户界面

步骤二：点击"新增非直连银行账户"/"新增备用金账户"/"新增其他账户"，完成单位账户的创建。

1.新增非直连银行账户

步骤一：点击右上角"新增非直连银行账户"，进入新增非直连银行账户界面，依次录入所属银行、户名、卡号、开户行等必填信息，地址、备注可以选填，如图3-22所示。

步骤二：点击"更多"→"初始金额维护"，录入该账户的初始金额，点击"保存"按钮，如图3-23所示。

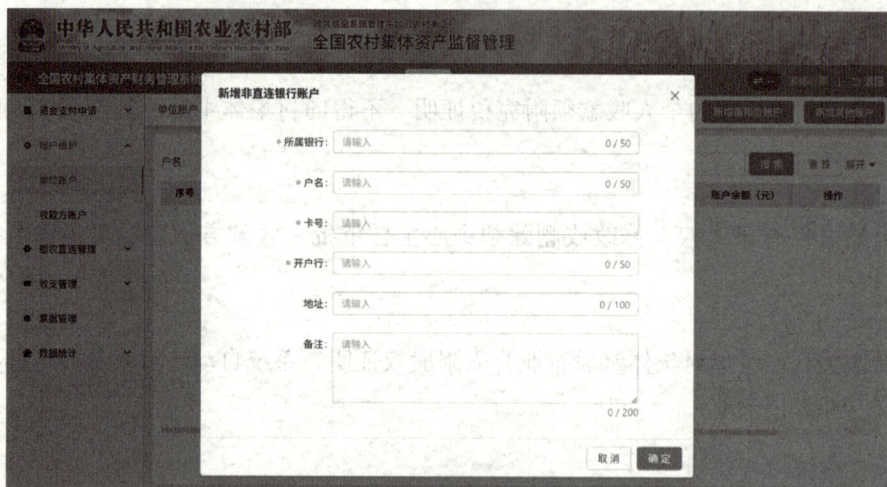

图3-22　新增非直连银行账户界面

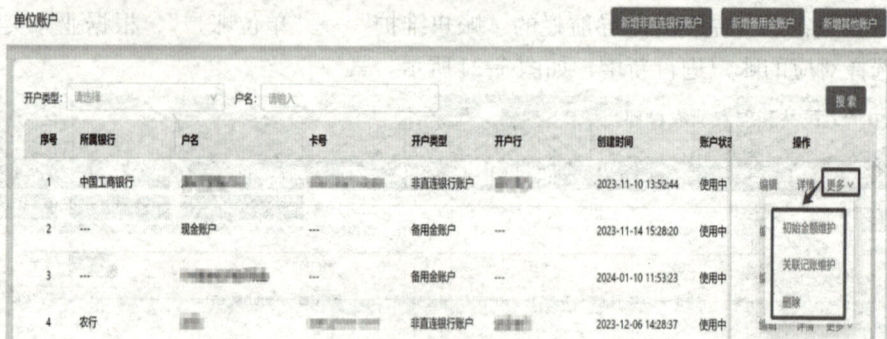

图3-23　非直连银行账户初始金额录入界面

2.新增备用金账户

步骤一：点击右上角"新增备用金账户"，进入新增备用金账户界面，填写户名等信息，点击"确定"按钮，如图3-24所示。

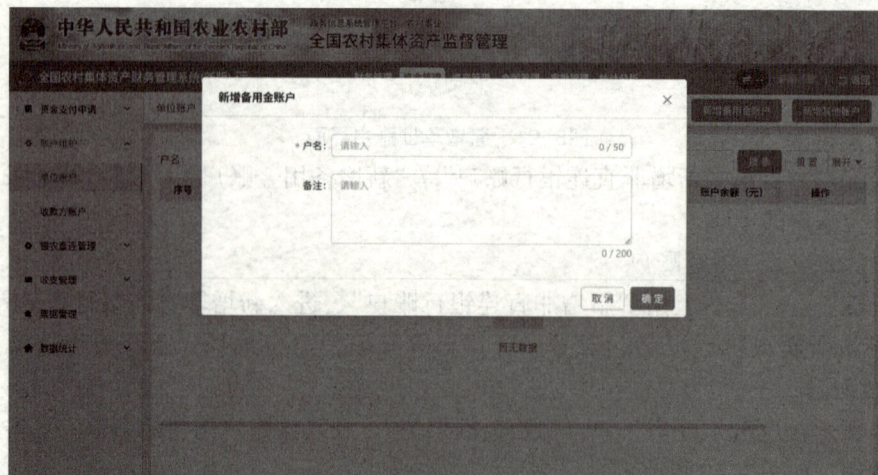

图3-24　新增备用金账户界面

步骤二：点击"余额初始化"，录入该账户的初始余额，点击"保存"按钮，如图3-25所示。

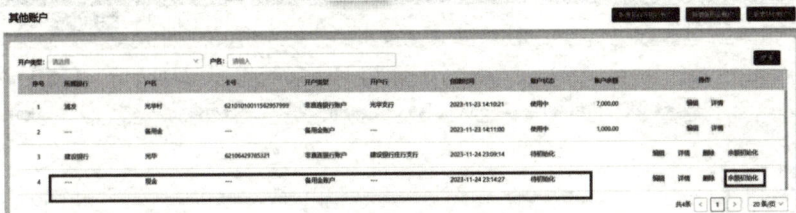

图3-25 备用金账户初始余额录入界面

3.新增其他账户

步骤一：点击右上角"新增其他账户"，进入新增其他账户界面，账套由系统自动带出，依次选择总账科目、户名等必填信息，点击"确定"，如图3-26所示。

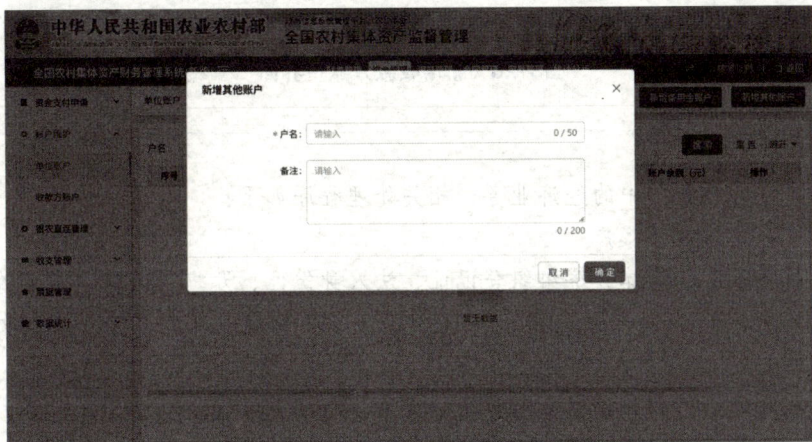

图3-26 新增其他账户界面

步骤二：点击"余额初始化"，录入该账户的初始余额，点击"保存"按钮，如图3-27所示。

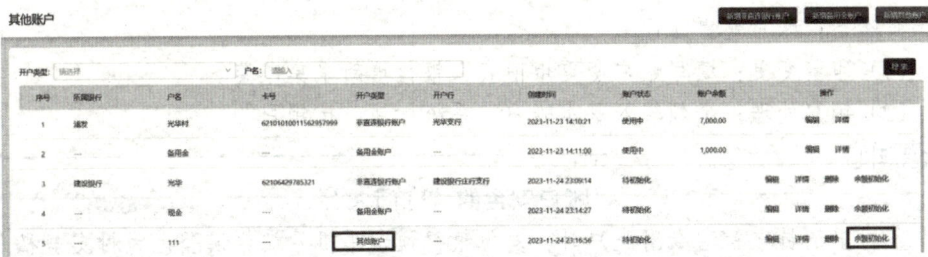

图3-27 其他账户初始余额录入界面

（二）新增收款方账户

点击左侧导航栏的"收款方账户"，点击右上角"新增"，如图3-28所示，进入新增收款方账户界面，录入所属银行、户名、卡号、开户行等必填字段，地址、备注为选填字段。

图3-28 新增收款方账户界面

任务实施

针对"任务布置"中的经济业务，相关处理程序如下：

步骤一：新增专用账户

（1）材料准备：集体经济组织登记证、法人身份证、开户申请书（需街道审批）。

（2）系统操作：在"账户维护"模块选择"新增非直连银行账户"，录入账户信息。

（3）备案归档：向县级农业农村部门提交"账户备案表"。

步骤二：维护收款方信息

（1）单位收款方：录入营业执照、开户行信息，关联合同编号。

（2）个人收款方：录入身份证号、收款事由，附村民代表大会决议。

（3）校验机制：付款前自动比对系统信息与合同、发票。

步骤三：账户变更处理

（1）印鉴变更：填写账户变更申请表，银行重新采集印鉴。

（2）销户处理：余额转入基本账户，系统标注"已销户"。

育德润心

账户安全的"守门人"

某村出纳员在新增专用账户时，发现银行预留手机号被错误登记为村支书私人号码。她坚持要求更正为"三资"中心固定电话，并建立"账户信息双人复核"机制，确保账户安全可控。

资料来源：根据农业农村部办公厅发布的《全国农村财务管理规范化典型案例》整理。

德育要素：

（1）原则性与灵活性结合：既坚持制度要求，又协调解决实际问题。

（2）团队协作精神：与银行、村"两委"密切配合，形成监管合力。

职业点拨:
(1) 建议建立"账户信息变更知识库",明确各类变更所需材料。
(2) 定期开展账户安全演练,模拟印鉴丢失、系统故障等应急场景。

项目评价

在线测评3-1

项目三

本项目评价见表3-11。

表3-11   项目评价表

项目名称		出纳员岗位工作		
	评价要点	评分标准	学生自评 (50%)	教师评价 (50%)
知识掌握 (30分)	掌握财政专项资金、补助资金、一事一议资金的分类及管理要求(10分)	·优秀(8~10分):能准确掌握知识点并举例应用。 ·良好(5~7分):基本掌握知识点但存在细节疏漏。 ·待改进(0~4分):概念模糊或混淆知识点的适用性		
	理解票据管理的合规性要求及系统操作规范(10分)			
	熟悉收支登记的操作流程、数据统计分析方法及账户维护要点(10分)			
技能提升 (40分)	能够独立完成资金使用申请的全流程操作(10分)	·优秀(8~10分):操作无错误,计算精确,分析全面。 ·良好(5~7分):操作有1~2处错误,操作逻辑正确且结果偏差<5%。 ·待改进(0~4分):操作错误≥3处,操作逻辑混乱		
	能够运用三资管理平台进行收支登记与票据录入(10分)			
	能够熟练使用资金统计分析工具(10分)			
	能够进行账户信息维护及异常情况处理(10分)			
素质养成 (30分)	具有严谨细致的职业态度与合规意识(10分)	·优秀(8~10分):案例分析决策合理,主动提出合规建议。 ·良好(5~7分):能完成基础分析但缺乏创新。 ·待改进(0~4分):决策违背职业伦理或缺乏团队贡献		
	具有数字化工具应用与数据处理能力(10分)			
	具有服务乡村振兴的使命感与责任感(10分)			
综合评价成绩(100分)				
学生自评:				
学生签字:				
教师评语:				
教师签字:				

会计员岗位工作

项目四

学习目标

知识目标

1. 理解会计科目、记账凭证、固定资产管理、预算编制及会计报表的概念。

2. 熟悉农业农村部三资管理的相关政策要求，掌握财务操作中的合规性标准。

3. 了解三资管理平台的功能模块划分，明确各模块间的数据关联与操作流程。

4. 掌握期末结转、结账的操作逻辑及意义，理解会计分期的核心作用。

技能目标

1. 熟练完成记账凭证的全流程操作。

2. 能够完成固定资产全生命周期管理。

3. 能够编制和调整预算，并根据实际需求进行动态优化。

4. 熟练查询会计报表，统计分析账务进度及财务数据。

素养目标

1. 增强严谨规范的操作意识。

2. 强化集体资产全周期管理责任感。

3. 提高数字化工具与数据协同应用能力。

4. 深化对乡村振兴战略的认同感。

岗位说明

会计员主要负责农村集体资产与资金的规范化、数字化管理，具体工作内容有：一是记账凭证管理，负责编制、审核记账凭证，确保科目余额初始化、凭证收支记录等操作符合财务规范，严格把控期末结转与结账流程；二是固定资产全周期管理，登记新增资产、处理价值变动及资产处置，准确计提折旧，保障集体资产账实相符、保值增值；三是预算管控与优化，参与预算编制与动态调整，监控执行情况，为农村集体经济决策提供数据支持；四是报表分析与监督，定期查询、统计会计报表及账务进度，生成合规报告，辅助资金使用透明化与风险防控。

工作导航

岗位	工作任务	工作分解
会计员	记账凭证编制及审核	科目余额初始化
		记账凭证编制与审核
		凭证记账与期末处理
	固定资产登记及变动处理	固定资产核算启用设置
		固定资产登记与变动
		固定资产折旧与处置
	预算编制及调整	预算编制
		预算调整
	会计报表查询及管理	会计报表查询
		账套进度统计
		地区汇总表查询

任务一 记账凭证编制及审核

任务布置

2025年3月，某村以现金支付办公用品费用400元。会计员需要完成该费用支付的全流程操作，包括记账凭证编制、审核及期末结转等。

思考：

（1）该笔业务如何进行会计处理？

（2）系统操作中如何完成记账凭证编制与审核？

知识点拨

一、农村集体经济组织会计科目

农村集体经济组织会计科目表见表4-1。

表4-1 农村集体经济组织会计科目表

类别	顺序号	科目编号	科目名称
资产类	1	101	库存现金
	2	102	银行存款
	3	111	短期投资
	4	112	应收款
	5	113	内部往来
	6	121	库存物资
	7	131	消耗性生物资产
	8	132	生产性生物资产
	9	133	生产性生物资产累计折旧
	10	134	公益性生物资产
	11	141	长期投资
	12	151	固定资产
	13	152	累计折旧
	14	153	在建工程
	15	154	固定资产清理
	16	161	无形资产
	17	162	累计摊销
	18	171	长期待摊费用
	19	181	待处理财产损溢

知识精讲4-1

记账凭证
编制及审核

续表

类别	顺序号	科目编号	科目名称
负债类	20	201	短期借款
	21	211	应付款
	22	212	应付工资
	23	213	应付劳务费
	24	214	应交税费
	25	221	长期借款及应付款
	26	231	一事一议资金
	27	241	专项应付款
所有者权益类	28	301	资本
	29	311	公积公益金
	30	321	本年收益
	31	322	收益分配
成本类	32	401	生产（劳务）成本
损益类	33	501	经营收入
	34	502	投资收益
	35	503	补助收入
	36	504	其他收入
	37	511	经营支出
	38	512	税金及附加
	39	513	管理费用
	40	514	公益支出
	41	515	其他支出
	42	521	所得税费用

二、农村集体经济组织日常经济业务的账务处理

农村集体经济组织日常经济业务的账务处理见表4-2。

表4-2　　　　　　　　　农村集体经济组织日常经济业务的账务处理

涉及业务	会计分录
货币资金业务 【注释】农村集体经济组织货币资金按存放地点及其用途主要分为"库存现金"和"银行存款"。 　库存现金指农村集体经济组织的库存现金，借方登记现金增加，贷方登记现金减少。 　银行存款指农村集体经济组织存入银行、信用社或其他金融机构的货币资金，借方登记银行存款增加，贷方登记银行存款减少	（1）提取现金时： 借：库存现金 　　贷：银行存款 （2）银行存款支付办公费时： 借：管理费用——办公费 　　贷：银行存款

涉及业务	会计分录
往来款项业务 【注释】"应收款"账户属资产类账户。借方登记农村集体经济组织因销售商品、提供劳务等而发生的应收及暂付款项，贷方登记已收回或经批准核销的应收款。 　"内部往来"账户属于资产类账户，借方登记农村集体经济组织与所属单位和农户发生的应收款项和实际偿还的应付款项；贷方登记实际收回的应收款项和发生的应付款项 　"应付款"账户属于负债类账户，贷方登记农村集体经济组织发生的应付及暂收款项，借方登记偿付的应付及暂收款项，或转出确实无法支付的应付款项	（1）发生赊销时： 借：应收款——××厂 　贷：经营收入 （2）出差借款时： 借：内部往来——×× 　贷：库存现金 （3）发生赊购时： 借：固定资产 　贷：应付款——××单位
存货业务 【注释】农村集体经济组织存货的取得、发出及结存均通过"库存物资"账户核算，该账户属于资产类账户。借方登记农村集体经济组织外购、自制、委托加工完成、债务重组、接受捐赠等原因而增加的物资实际成本；贷方登记发出、领用、对外销售、盘亏、毁损等原因而减少的物资的实际成本	（1）结转销售成本时： 借：经营支出 　贷：库存物资——×× （2）购入库存物资时： 借：库存物资——×× 　贷：银行存款
筹集资金业务 【注释】"短期借款"账户属负债类账户，贷方登记农村集体经济组织借入的各种短期借款；借方登记归还借款数额。 　"长期借款及应付款"账户属负债类账户，贷方登记农村集体经济组织发生的长期借款及应付款项；借方登记归还和偿付的长期借款及应付款项。 　"资本"账户属所有者权益类账户，贷方登记资本增加，借方登记资本减少。向农村集体经济组织实际投入的资本，原生产队积累折股股金及农业合作化时期社员入社的股份基金，也在本账户中核算。 　"补助收入"账户属损益类账户，农村集体经济组织收到的补助资金在该账户登记，年终，应将账户余额转入"本年收益"账户的贷方，结转后无余额。 　"公积公益金"账户属所有者权益类账户，贷方登记从收益中提取的公积公益金、收到的应计入公积公益金的征用土地补偿费及拍卖荒山、荒地、荒水、荒滩等使用权价款、取得的公积公益金或收到捐赠的资产等；借方登记按国家有关规定，并按规定程序审批后，转增资本、弥补福利费不足或弥补亏损的数额	（1）短期借款业务： ①借入短期借款时： 借：银行存款 　贷：短期借款 ②计提利息时： 借：其他支出 　贷：应付款——应计利息 ③支付短期借款利息时： 借：短期借款 　　应付款——应计利息 　贷：银行存款 （2）借入长期借款时： 借：银行存款 　贷：长期借款及应付款 （3）投入资本时： 借：固定资产——×× 　贷：资本——××单位 （4）收到补助收入时： 借：银行存款 　贷：补助收入——××补助 （5）公积公益金： ①提取公积公益金时： 借：收益分配 　贷：公积公益金 ②收到捐赠时： 借：银行存款 　贷：公积公益金

涉及业务	会计分录
收入业务 【注释】农村集体经济组织的收入主要包括经营收入、补助收入及其他收入（其中补助收入在筹集资金业务中已举例）。 　　"经营收入"账户属损益类账户，按经营项目设置明细账，进行明细核算。账户贷方登记收入增加，借方登记年终转入"本年收益"账户的金额。结转后，该账户无余额。该账户核算农村集体经济组织当年进行生产、服务等经营活动取得的各项收入，包括物资销售收入、出租及劳务收入等。 　　"其他收入"账户属损益类账户，贷方登记当年收到的其他收入金额，借方登记年终转入"本年收益"账户的金额，结转后无余额。该账户核算农村集体经济组织除"经营收入""补助收入"以外的收入，如罚款收入、存款利息收入、固定资产及库存物资的盘盈收入等	（1）发生经营收入时： 借：银行存款 　　贷：经营收入 　　　　应交税费——应交增值税（销项税额） （2）发生其他收入时： 借：银行存款 　　贷：其他收入
成本业务 【注释】"生产（劳务）成本"账户属于成本类账户，借方登记按成本核算对象归集的，农村集体经济组织发生的各项生产费用和劳务成本；贷方登记会计期间终了，已生产完成并验收入库的工业产成品和农产品成本	（1）投入生产原料时： 借：生产（劳务）成本 　　贷：库存物资——×× （2）投入人工时： 借：生产（劳务）成本 　　贷：应付工资
费用业务 【注释】"经营支出"账户属损益类账户，借方登记农村集体经济组织经营支出的发生额，贷方登记年终转入"本年收益"账户的金额，结转后无余额。该账户核算农村集体经济组织因销售商品、农产品、对外提供劳务等活动而发生的实际支出。 　　"管理费用"账户属损益类账户，借方登记管理费用的发生额，贷方登记年终转入"本年收益"账户的金额，结转后无余额。该账户核算农村集体经济组织管理活动发生的各项支出，包括农村集体经济组织管理人员的工资、办公费、差旅费、管理用固定资产的折旧和维修费用等。 　　"其他支出"账户属损益类账户，借方登记其他支出的发生额，贷方登记年终转入"本年收益"账户的金额，结转后无余额。该账户核算农村集体经济组织与经营管理活动无直接关系的支出，如罚没支出、利息支出、农业资产的死亡毁损支出、公益性固定资产折旧费、固定资产及库存物资的盘亏损失、处理固定资产的净损失、防汛抢险支出、确实无法收回的应收款项损失	（1）发生经营支出（如结转已售产品成本）时： 借：经营支出 　　贷：库存物资——×× （2）发生管理费用时： 借：管理费用——折旧费 　　贷：累计折旧 （3）发生其他支出时： 借：其他支出——违章罚款 　　贷：库存现金

续表

涉及业务	会计分录
收益业务 【注释】"本年收益"账户属所有者权益类账户，核算农村集体经济组织本年度实现的收益。结转后本科目的贷方余额为当期实现的净收益；借方余额为当期发生的净亏损。年度终了，应将本年的净收益/净亏损转入"收益分配"账户。 　"收益分配"账户属所有者权益类账户，核算农村集体经济组织当年收益的分配（或亏损的弥补）和历年分配（或弥补）后的结存余额	（1）本年收益核算： ①结转收入时： 借：经营收入/补助收入/其他收入 　贷：本年收益 ②结转投资收益时： 借：投资收益 　贷：本年收益 ③结转费用时： 借：本年收益 　贷：经营支出/税金及附加/管理费用/公益支出/其他支出/所得税费用 ④净收益转入收益分配时： 借：本年收益 　贷：收益分配——未分配收益 若亏损则做相反分录。 （2）收益分配： ①用公积公益金弥补亏损时： 借：公积公益金 　贷：收益分配——未分配收益 ②按照规定提取公积公益金、分配股利等时： 借：收益分配——各项分配 　贷：公积公益金/内部往来 ③年度终了，将"收益分配——各项分配"的余额转入"收益分配——未分配收益"时： 借：收益分配——未分配收益 　贷：收益分配——各项分配

三、记账凭证核算组织流程

记账凭证核算组织流程如图4-1所示。

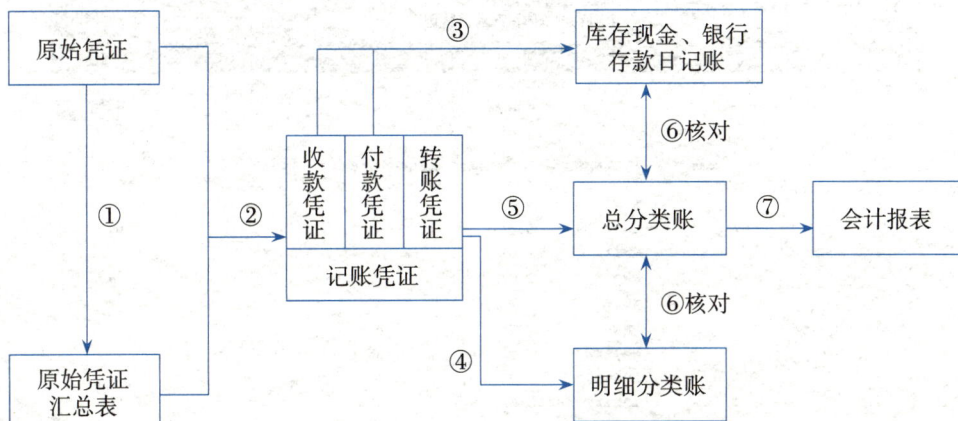

图4-1　记账凭证核算组织流程图

四、系统流程解析

(一) 科目余额初始化

步骤一：登录系统，点击左侧菜单导航栏的"会计核算"→"科目余额初始化"，进入科目余额初始化界面。

步骤二：点击科目名称后面的"⊕"按钮，进入添加下级科目界面，录入科目名称、上级科目、科目属性、余额方向、货币资金科目由系统自动带出，点击"保存"按钮，如图4-2所示。

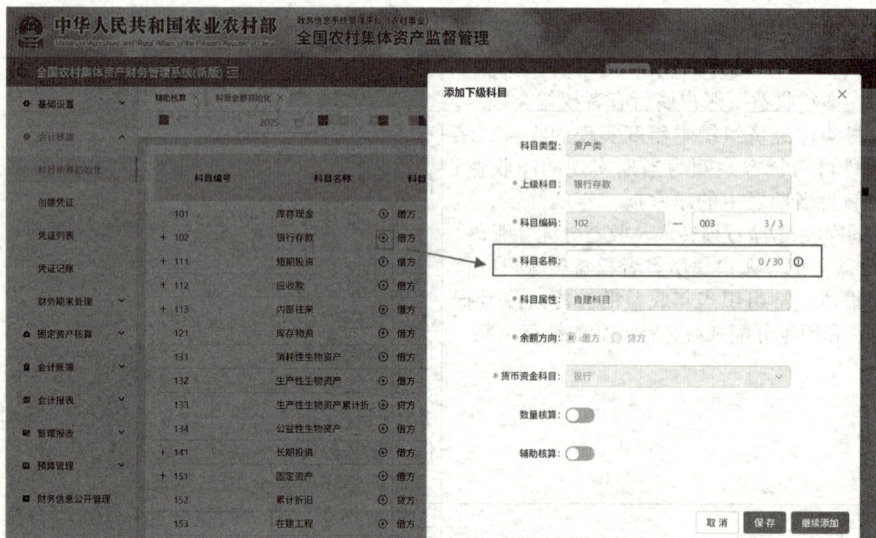

图4-2　会计科目新增界面

步骤三：在明细科目录入或通过"下载模板"填写后"导入"，完成期初余额、年累计借/贷方、年初余额的数据录入。

步骤四：点击"暂存"→"试算平衡"→系统提示检测通过→点击"完成初始化"，完成账套余额初始化，如图4-3所示。

图4-3　科目余额初始化图

在进行科目余额初始化时，若导入信息有问题，在导入时系统会自动生成"科目余额导入错误信息"文件，须将错误信息进行修改后重新导入。

（二）记账凭证编制与审核

1.创建记账凭证

步骤一：进入系统，点击左侧菜单导航栏的"会计核算"→"创建凭证"→点击"凭证录入"，进入记账界面。

步骤二：按照发生的业务，录入凭证内容，点击"保存并提交"，如图4-4所示。

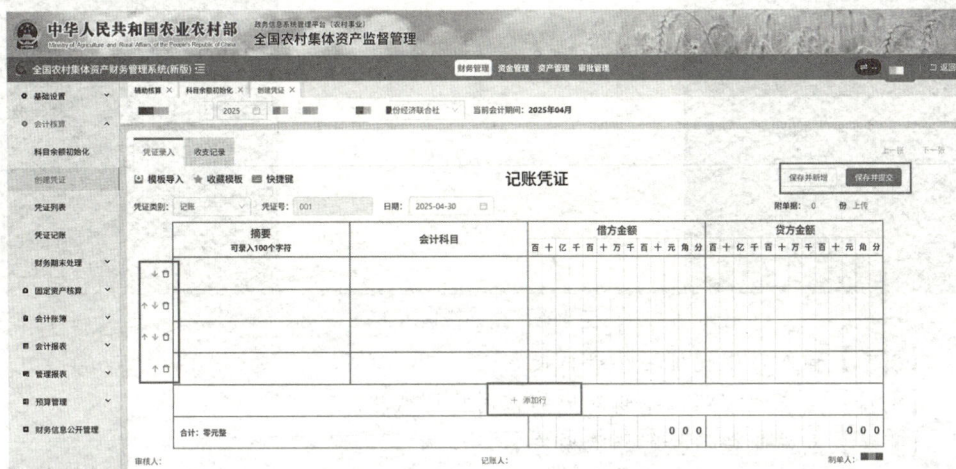

图4-4　记账凭证创建界面

为规范凭证录入，系统只允许录入一借多贷或一贷多借的凭证，不允许录入多借多贷的会计凭证。

功能指引 4-1

【凭证模板收藏】在凭证录入窗口中，点击"收藏模板"按钮，系统弹出"常用凭证收藏"窗口，输入常用凭证名称，点击"保存并关闭"，如图4-5所示。

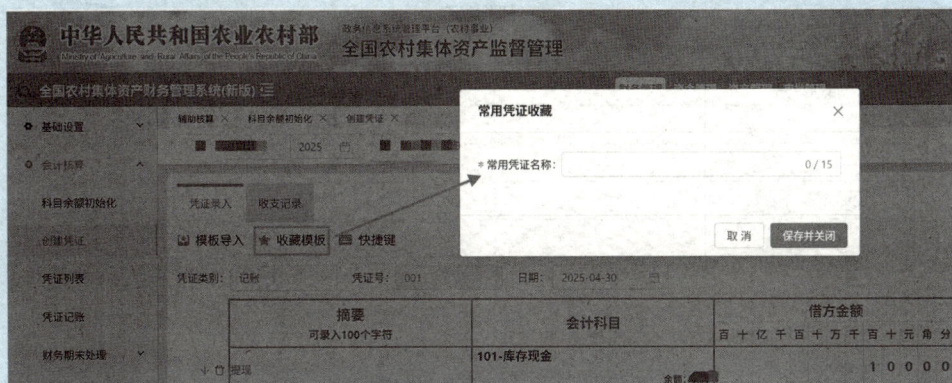

图4-5　凭证模板收藏

【凭证模板导入】在凭证录入窗口中，点击"模板导入"按钮，系统弹出"常用凭证选择"窗口，如图4-6所示。勾选需要录入的凭证，点击"确定"按钮，返回凭证录入界面，自动带出相关凭证的摘要、会计科目、借/贷方金额。用户可根据实际业务情况，修改金额等相关内容后，点击"保存并提交"。

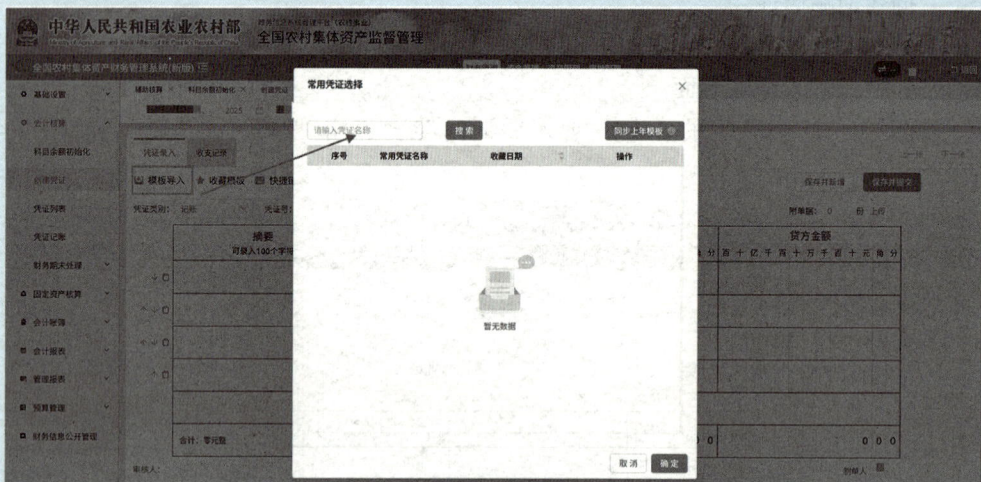

图4-6　凭证模板导入

【搜索】输入常用凭证名称进行搜索。

【编辑】点击此按钮，编辑对应的常用凭证名称。

【删除】点击此按钮执行删除操作。

【取消】关闭当前界面。

【上传原始凭证】在会计凭证制单界面点击界面右上方的"上传"按钮，如图4-7所示，系统弹出"上传原始凭证"窗口。点击"上传原始凭证"按钮，选择对应的附件文件，点击"保存"，上传的附件数量在凭证界面进行展示，上传凭证支持在线预览，如图4-8所示。

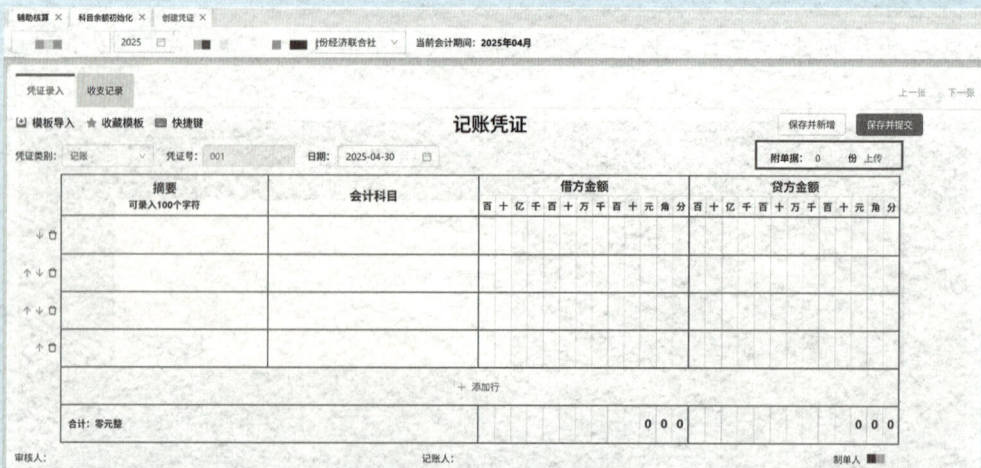

图4-7　会计凭证制单界面

图4-8　上传原始凭证弹窗

2. 创建记账凭证收支记录

步骤一：会计员进入系统，点击左侧菜单导航栏的"会计核算"→"创建凭证"→"收支记录"，进入创建凭证收支记录界面，如图4-9所示。

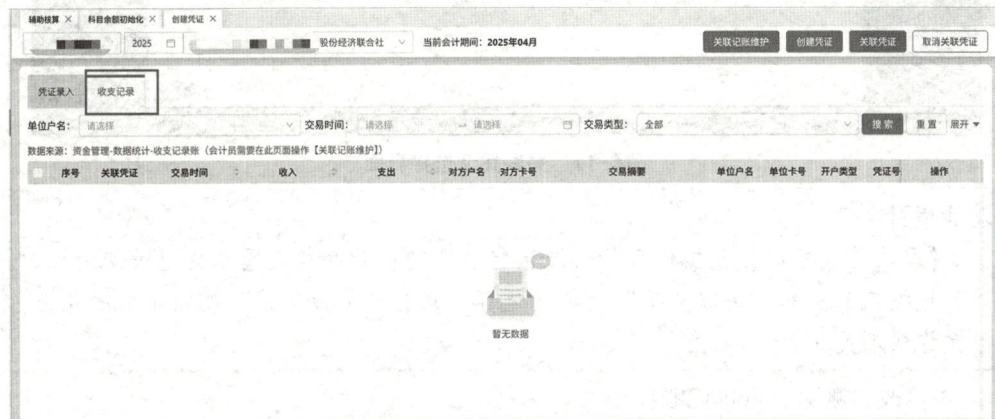

图4-9　创建凭证收支记录界面

使用收支记录功能需要在资金模块进行关联，该界面才会显示收支信息且为当前启用会计期间交易时间月份的收支流水。当存在收支记录时，点击"查看附件"即可浏览出纳（资金管理）登记时上传的收支附件资料。

步骤二：选中一条或多条信息，点击"创建凭证"按钮，进入选择凭证是否合并界面；选择"合并"，则符合条件的流水会在凭证金额列体现合并情况，反之则逐个展示，如图4-10所示。

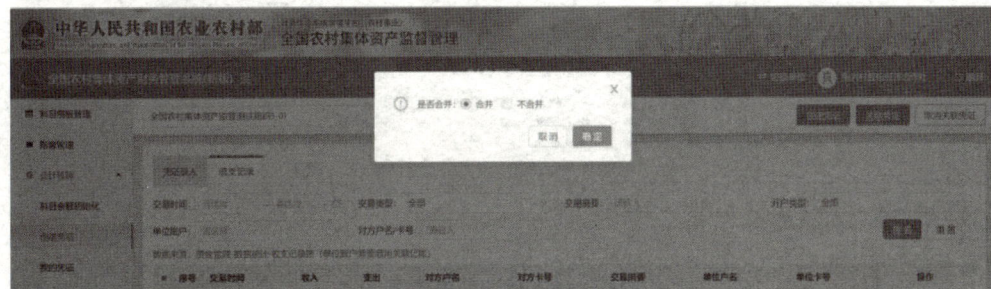

图4-10　创建凭证合并界面

步骤三：系统会将选择的流水对应的附件资料全部自动导入凭证附件内。

步骤四：点击"关联凭证"，进入关联凭证选择界面，界面展示信息是历史手工创建且凭证状态为已入账的凭证；选择需要关联的凭证，点击"确定"，如图4-11所示。

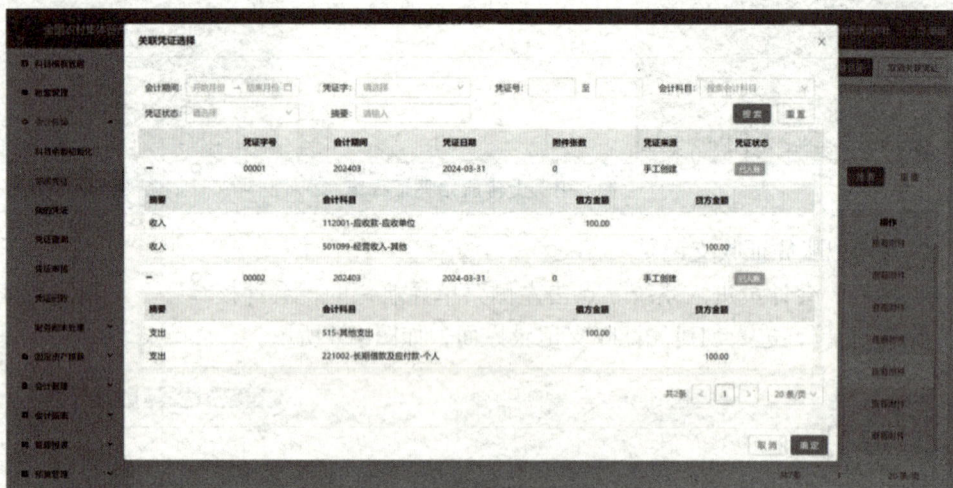

图4-11 关联凭证选择界面

功能指引4-2

【取消关联凭证】此操作只针对流水信息已进行关联凭证操作的记录使用。此外，该按钮只针对"关联凭证"生成的凭证，点击"创建凭证"按钮生成的凭证，不允许取消关联。

3.修改、删除、重排记账凭证

会计员进入系统，点击左侧菜单导航栏的"会计核算"→"凭证列表"，进入凭证界面，可查看本单位下所有已录入凭证的详细信息，如图4-12所示。

图4-12 凭证列表界面

功能指引4-3

【编辑】凭证是待提交状态，可点击此按钮，对当前凭证进行编辑修改。

【详情】对当前凭证进行查看，上传凭证支持在线预览。

【删除】凭证是待提交状态时，可以点击此按钮，对当前凭证进行删除。

【撤销提交】对提交的凭证进行撤回，完成撤回后可以编辑/删除凭证。

4.查询记账凭证

步骤一：会计员进入系统，点击左侧菜单导航栏的"会计核算"→"凭证列表"，进入凭证界面，可按照搜索条件进行搜索，凭证跨年度、跨月度查询，如图4-13所示。

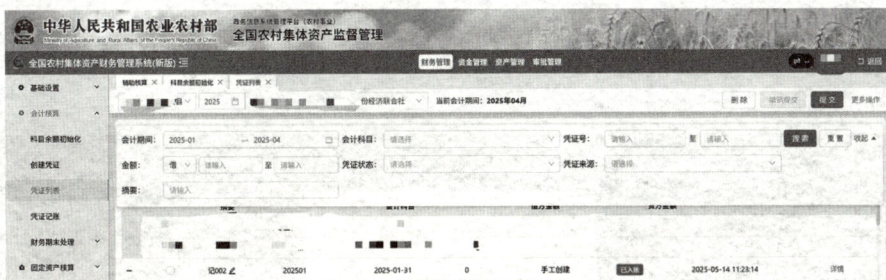

图4-13　凭证查询界面

步骤二：点击右上角的"更多操作"，可导出或打印凭证，如图4-14所示。

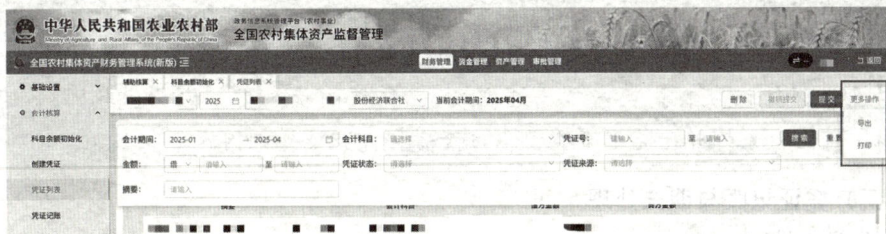

图4-14　凭证打印界面

5.审核记账凭证

步骤一：会计主管进入系统，点击左侧菜单导航栏的"会计核算"→"凭证列表"，进入凭证审核界面，如图4-15所示。

图4-15　凭证审核界面

步骤二：勾选一条或多条待审核会计凭证，点击凭证审核列表界面右上方的"通过"按钮，系统弹出对话框，点击"确认"按钮，确认后凭证的状态更新为"审核通过"，完成对凭证的审核，同时记录对应的审核人，如图4-16所示。

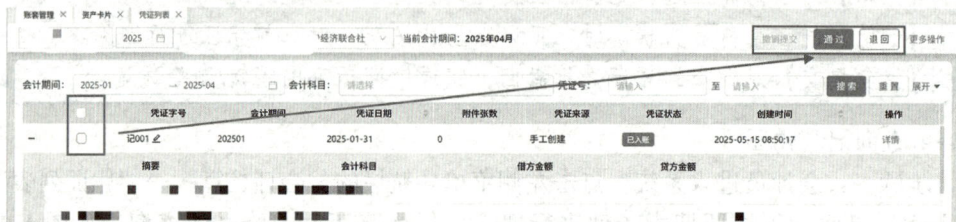

图4-16　凭证审核通过界面

功能指引4-4

【凭证审核不通过则驳回】点击"退回"，输入退回原因，点击"确认"，如图4-17所示。

图4-17　凭证退回界面

【已退回凭证查看】点击"凭证列表"，凭证的状态更新为"已驳回"；点击"详情"按钮，系统弹出凭证查看窗口，查看会计凭证详细内容。

（三）凭证记账与期末处理

1.凭证记账

步骤一：会计员进入系统，点击左侧菜单导航栏的"会计核算"→"凭证记账"，进入凭证记账界面，如图4-18所示。

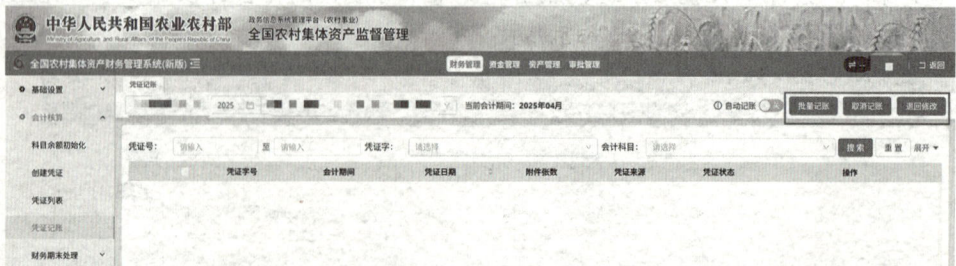

图4-18　凭证记账界面

步骤二：勾选一条或多条待记账会计凭证，点击"记账"/"批量记账"按钮，系统弹出确认对话框；点击"确认"，即可完成对凭证的记账。

步骤二操作完毕后，凭证的状态更新为"已入账"，记录对应的记账人，并将会计凭证登记到对应的总账、明细账账簿中。

> **功能指引 4-5**
>
> 【取消记账】勾选多条"已入账"的凭证→点击"取消记账"按钮→系统弹出确认对话框→点击"确认"，即可完成对凭证的取消记账。取消记账后，系统会将这些凭证数据从账簿中删除。
>
> 【退回修改】勾选待记账的会计凭证，点击"退回修改"按钮，点击"我的凭证"，编辑退回的会计凭证。
>
> 【详情】勾选一条会计凭证记录，点击"详情"按钮，系统弹出凭证查看窗口，查看会计凭证详细内容。
>
> 【自动记账】默认为关闭状态，" 开 "表示"已开启"，针对当前账套，审核通过的凭证会自动记账，记账人默认为当前登录账号的用户。若该用户账号删除，"自动记账"功能会自动关闭。

2.期末结转与结账

步骤一：会计员进入系统，点击左侧菜单导航栏的"会计核算"→"财务期末处置"→"结转损益"，如图4-19所示。

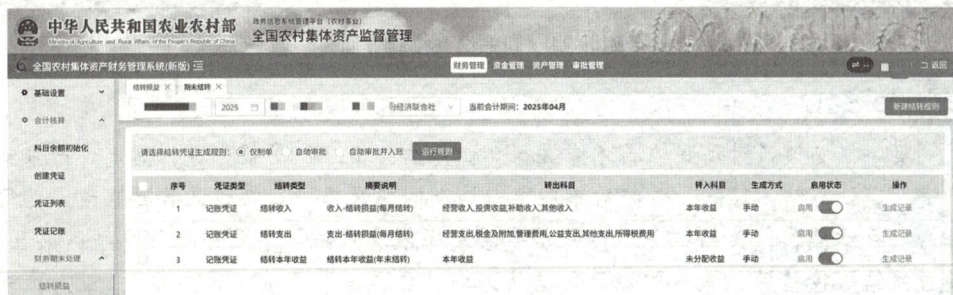

图4-19　结转规则启用界面

若自动生成的结转规则与实际业务不符，点击"新建结转规则"，输入相应信息，如图4-20所示；若生成方式选择自动，则需要输入生成频次，点击"保存"按钮。

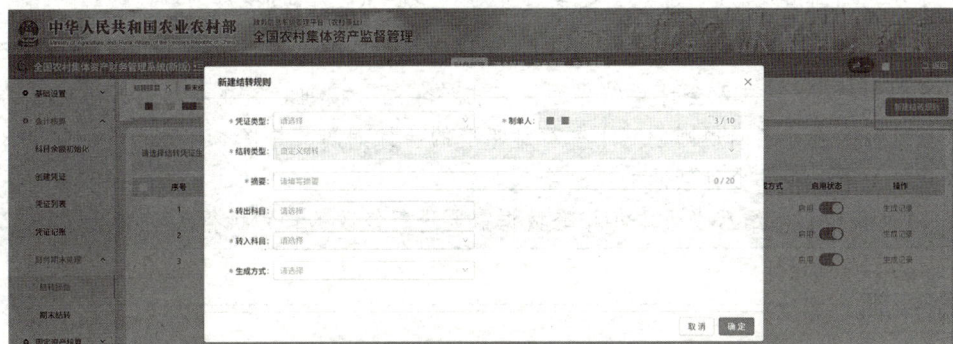

图4-20　新增结转规则界面

完成余额初始化后，系统自动生成结转规则，包括收入结转损益（每月结转）、支出结转损益（每月结转）、结转未分配收益（年底结转）规则。

功能指引 4-6

【运行规则】当结转规则为手动时，需要选择对应的规则（支持多选），点击"运行规则"按钮，系统运行配置的结转规则，并生成对应的会计凭证。

【生成记录】记录当前结转规则的生成情况，并关联对应的凭证号。

步骤二：会计员进入系统，点击左侧菜单导航栏的"会计核算"→"财务期末处理"→"期末结转"，进入会计月结界面，点击"结账"按钮，如图4-21所示。

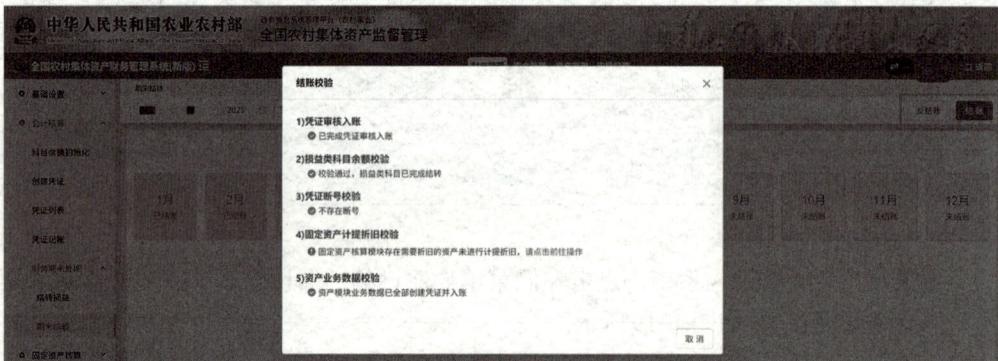

图4-21 期末结账校验界面

特别提示 4-1

第一，必须通过结账校验才能进行会计月结；第二，必须先进行固定资产月结再进行会计月结；第三，月结后不能再对该期间的数据进行修改，若要修改，必须进行反月结操作；第四，必须按月份先后顺序依次月结，不允许跨月月结；第五，通过反结账校验后，该月的会计月结状态由"已月结"变为"未月结"；第六，当前账套本年度所有会计期间均完成月结后可进行年结。

功能指引 4-7

【反结账】会计员登录系统，依次点击菜单导航栏"会计核算"→"财务期末处理"→"期末结账"，进入会计月结界面，点击"反结账"。

【年结】会计员登录系统，点击菜单导航栏"会计核算"→"财务期末处理"→"期末结账"，进入会计年结界面，点击"年结"按钮。完成年结后，系统按照账套设置的会计期间规则创建下一会计年度的会计期间，并将本年度各科目的期末余额作为下一年度会计期间的期初余额。

【反年结】年结后发现本年账套数据需要进行修改的，可执行反年结操作。

任务实施

针对"任务布置"中的经济业务，相关处理程序如下：

步骤一：会计处理

借：管理费用——办公费

 贷：库存现金

步骤二：系统操作

点击"会计核算"→"创建凭证"→"凭证录入"，根据步骤一会计处理中的借贷方会计科目编制记账凭证，并创建凭证收支记录，最后将记账凭证提交会计主管审核。

育德润心

新账套规范数据+村财乡管强监管，筑牢期末结账"双保险"

某县农业农村局通过启用新账套，指导会计员完成账套初始化、期初数据录入及资产导入，并重点检查财务公开与记账工作。针对部分村财务资料不齐全、签字不规范等问题，建立整改台账，确保期末结转数据的完整性和准确性。同时，落实"村财乡管"制度，明确资金审批流程，强化结账环节的监管。

资料来源：海原县农业农村局. 海原县规范村集体经济组织财务管理 助力村集体经济发展 [EB/OL]. [2024-05-11]. https://nynct.nx.gov.cn/xwzx/qqnyxw/202405/t20240511_4535873.html.

德育要素：

（1）严谨合规的职业态度与集体责任感：严格审核原始凭证、建立问题台账并限期整改，确保财务数据真实合法。

（2）服务基层、助力乡村振兴的使命感：规范财务管理、优化农村资源配置，会计工作在乡村振兴中具有战略意义。

职业点拨：

（1）熟悉结账步骤，掌握内部控制节点设计，提升对账务异常和资金风险的识别与处理能力。

（2）利用账套进度统计实现数据核对，高效处理数据并防范信息风险。

任务二 固定资产登记及变动处理

任务布置

2025年4月，某村收到公益组织捐赠的公共健身器材，增值税发票价税合计为8 420元，另以现金支付运杂费200元。

思考：

（1）接受捐赠的公共健身器材在登记时，入账价值应如何确定？

（2）若增值税发票遗失，该批公共健身器材的入账价值又如何确定？

（3）若未来处置该批公共健身器材，平台上应如何操作？

知识点拨

一、认识固定资产

农村集体经济组织的房屋、建筑物、机器、设备、工具、器具和农业基本建设设施等劳动资料，凡使用年限在一年以上，单位价值在500元以上的须列为固定资产。有些主要生产工具和设备，单位价值虽低于规定标准，但使用年限在一年以上的，也可列为固定资产。

农村集体经济组织的固定资产按用途可以分为五类：生产经营用、管理用、公益用、支农用、未使用。

农村集体经济组织拥有或控制的固定资产的原始价值，通过"固定资产"账户核算。该账户借方登记增加的固定资产的原始价值，贷方登记减少的固定资产的原始价值，期末余额在借方，表示农村集体经济组织期末现有固定资产的原始价值。

二、固定资产核算

（一）固定资产入账

农村集体经济组织固定资产入账价值的确定方法见表4-3。

表4-3　　　　　　　　　　固定资产入账价值确定方法一览表

类别		入账价值
购入的固定资产	不需要安装	按实际支付的买价加采购费用和缴纳的相关税金等计价
	需要安装、改装	按实际支付的买价加采购费用和缴纳的相关税金等，加上安装费或改装费计价
新建的房屋及建筑物、农业基本建设设施		按竣工验收的决算价计价
接受捐赠的固定资产	有凭据	按发票所列金额加上实际发生的运输费、保险费、安装调试费和应支付的相关税金等计价
	无凭据	按同类固定资产的市价加上应支付的相关税费计价
在原有固定资产基础上进行改造、扩建		按原有固定资产的价值，加上改造、扩建工程而增加的支出，减去改造、扩建工程中发生的变价收入计价
投资者投入的固定资产		按照合同或协议约定的投资各方确认价值计价
盘盈的固定资产		按同类资产的市价计价
一事一议筹资筹劳建设增加的固定资产		按工程建设实际花费的一事一议筹资金额加上一事一议筹劳作价支出（筹劳工日数乘以当地工价）计价。

知识精讲4-2

固定资产登记及变动处理

知识拓展4-1

农业基本建设设施

（二）固定资产折旧

农村集体经济组织固定资产的折旧方法及计提范围见表4-4。

知识拓展4-2

经营租赁

表4-4   固定资产折旧方法及计提范围一览表

折旧方法	按年或按季、按月提取固定资产折旧。固定资产的折旧方法可在"年限平均法""工作量法"等方法中任选一种，但是一经选定，不得随意变更
应当计提折旧的固定资产	房屋和建筑物
	在用的机械、机器设备、运输车辆、工具器具
	季节性停用、大修理停用的固定资产
	融资租入和以经营租赁方式租出的固定资产
不计提折旧的固定资产	房屋、建筑物以外的未使用、不需用的固定资产
	以经营租赁方式租入的固定资产
	已提足折旧继续使用的固定资产
	国家规定不提折旧的其他固定资产
注意事项	农村集体经济组织当月增加的固定资产，当月不提折旧，从下月起计提折旧；当月减少的固定资产，当月照提折旧，从下月起不提折旧
	固定资产提足折旧后，不管能否继续使用，均不再提取折旧；提前报废的固定资产，也不再补提折旧

（三）固定资产业务的账务处理

为了及时、准确、完整地反映和监督农村集体经济组织固定资产变动情况，应设置"固定资产""累计折旧""在建工程"等科目进行核算。

固定资产业务的账务处理见表4-5。

表4-5   固定资产业务的账务处理

涉及业务			会计分录
固定资产增加业务	外购固定资产	不需要安装	借：固定资产——×× 　贷：银行存款
		需要安装	（1）购入固定资产时： 借：在建工程——×× 　贷：银行存款 （2）安装完毕投入使用时： 借：固定资产——×× 　贷：在建工程——××
	投资者投入固定资产		借：固定资产——×× 　贷：资本——××公司 　　公积公益金——其他
	接受捐赠固定资产		借：固定资产——×× 　贷：公积公益金——接受捐赠资产
	盘盈固定资产		借：固定资产——×× 　贷：其他收入——固定资产盘盈

续表

涉及业务		会计分录
固定资产减少业务	投资转出固定资产	借：长期投资 　　累计折旧 　　公积公益金——对外投资 贷：固定资产——××
	对外捐赠固定资产	借：固定资产清理 　　累计折旧 贷：固定资产——×× 将固定资产清理转入其他支出时： 借：其他支出——捐赠支出 贷：固定资产清理
	盘亏固定资产	借：累计折旧 　　内部往来——××（由责任人赔偿部分） 　　其他支出——固定资产盘亏 贷：固定资产——××
固定资产折旧业务 【注释】生产经营用固定资产计提的折旧，记入"生产（劳务）成本"或"经营支出"账户；管理用固定资产计提的折旧，记入"管理费用"账户；公益性用途固定资产计提的折旧，记入"其他支出"账户		借：经营支出/管理费用/其他支出 贷：累计折旧

三、固定资产登记变动工作流程

固定资产登记变动工作流程如图4-22所示。

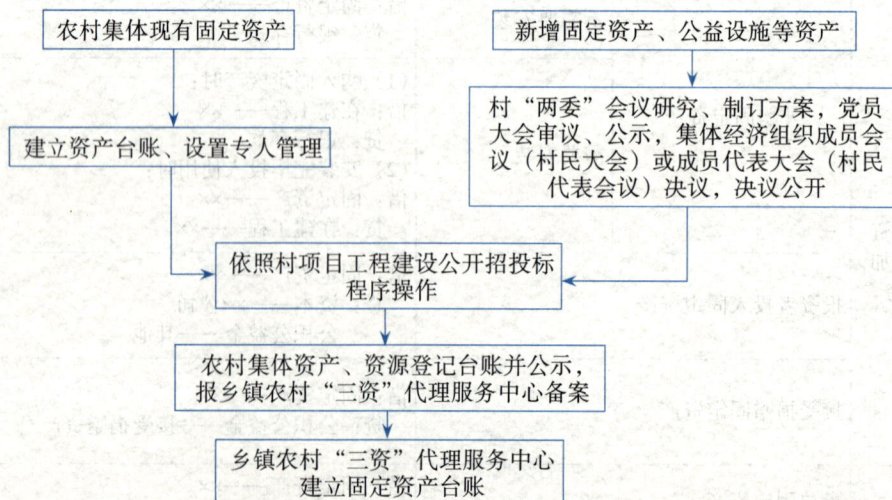

图4-22　固定资产登记变动工作流程

四、系统流程解析

（一）固定资产登记与变动

1.以前年度固定资产录入

会计员进入系统，点击"财务管理"→左侧导航栏的"固定资产核算"→"资产卡片"；点击右上角"更多操作"→"抽取资产"按钮，进入抽取历史数据界面，选择"关联账套"，确认账套后，点击"执行抽取"，即可将本平台上一年度完成的资产同步至资产卡片，若存在资产编号相同的数据，数据将会被覆盖，如图4-23所示。

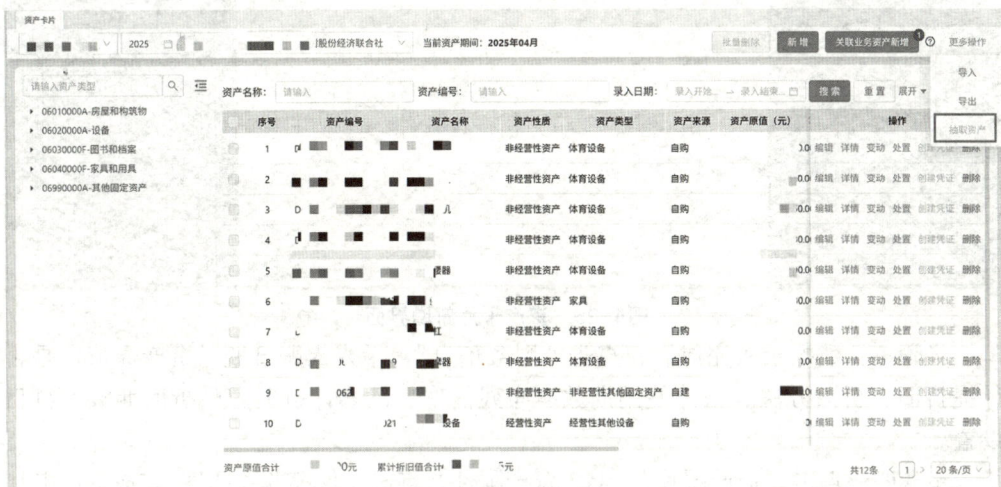

图4-23 抽取资产操作界面

2.新增固定资产登记

（1）新增资产卡片。

步骤一：会计员进入系统，点击左侧菜单导航栏的"固定资产核算"→"资产卡片"，进入资产卡片界面，如图4-24所示。

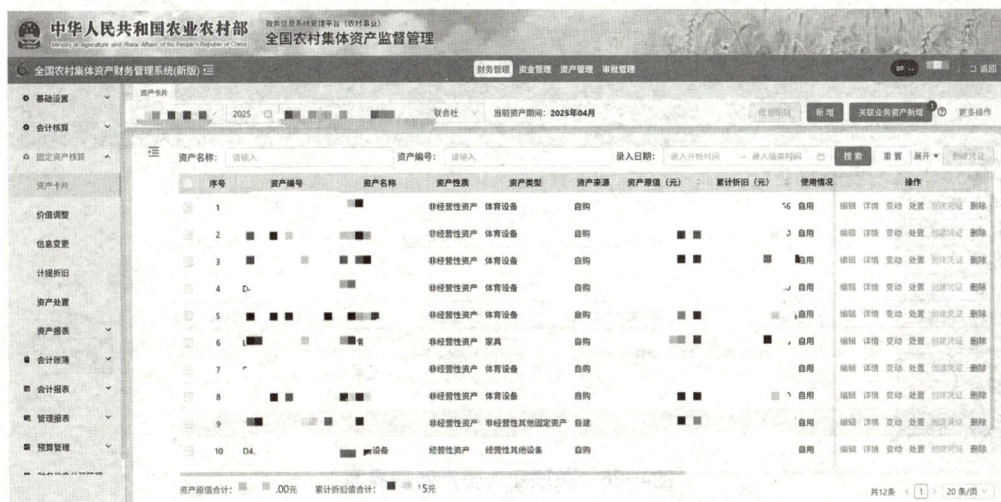

图4-24 资产卡片界面

步骤二：点击"新增"按钮，在"基本信息"处录入资产类型、资产名称、资产性质、数量、计量单位、资产来源、使用情况、构（购）建日期、规格型号、坐落或放置位置、保管员、使用单位、备注等信息，如图4-25所示。

图4-25　资产卡片新增界面

步骤三：数据录入完成后，点击"财务信息"，录入入账日期、资产原值、是否计提折旧、折旧方法、预计使用期数、净残值率、已累计折旧、已折旧期数、科目设置。

步骤四：点击"资产图片"，上传资产附件，点击"保存并关闭"，完成资产卡片新增操作。

（2）关联业务资产新增。

步骤一：会计员进入系统，点击左侧导航栏的"固定资产核算"→"资产卡片"→"关联业务资产新增"，进入关联业务资产新增界面；点击"创建卡片"，补充资产卡片相应信息，点击"保存并关闭"，即可生成资产卡片信息，如图4-26所示。

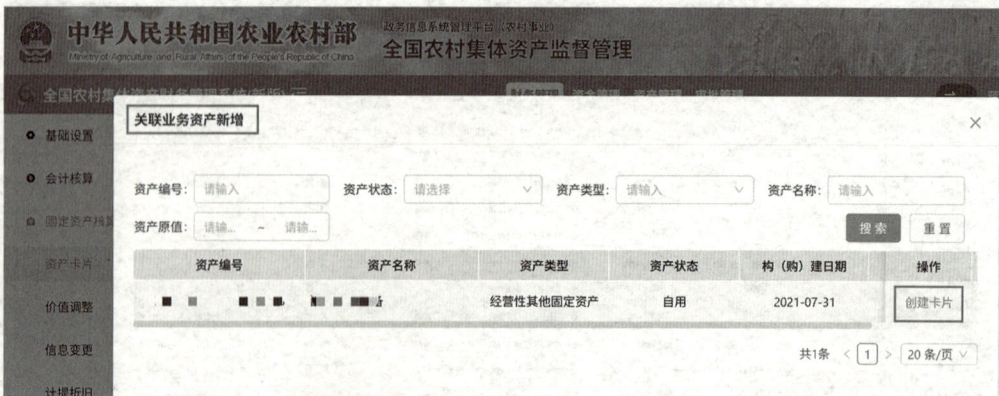

图4-26　关联业务资产新增界面

特别提示4-2

　　已处置状态的资产不做关联业务同步；已操作关联保存的数据，再次打开关联业务资产新增界面，将不在列表中显示。

　　（3）创建新增固定资产记账凭证。手工新增和关联同步的资产需要创建凭证，点击"创建凭证"，进入记账界面，点击"提交"，即可生成相应凭证，如图4-27所示。

图4-27　新增固定资产创建凭证界面

3.固定资产价值变动调整

（1）新增资产变动卡片。

　　步骤一：会计员进入系统，点击左侧导航栏的"固定资产核算"→"价值调整"，点击"新增"按钮，进入价值变动新增界面，如图4-28所示。

图4-28　价值变动新增界面

　　步骤二：选择对应的资产编码，填入调整内容、调整日期、调整方向、调整金额、摘要、附件等信息，点击"保存"按钮，如图4-29所示。

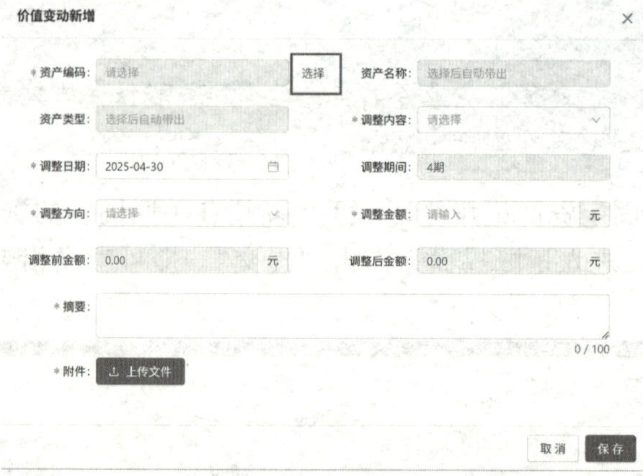

图4-29　固定资产价值变动调整界面

（2）固定资产价值变动新增凭证。

步骤一：点击左侧导航栏的"固定资产核算"→"价值调整"，选择价值变动的固定资产，点击"创建凭证"，进入记账凭证界面，如图4-30所示。

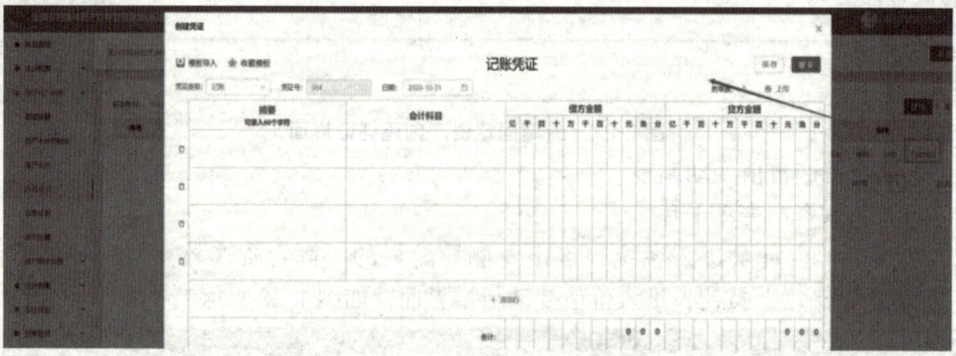

图4-30　固定资产价值变动创建凭证界面

4.固定资产信息变更

（1）新增资产变动卡片。

步骤一：会计员进入系统，点击左侧菜单导航栏的"固定资产核算"→"信息变更"，点击"新增"，进入信息变更界面，如图4-31所示。

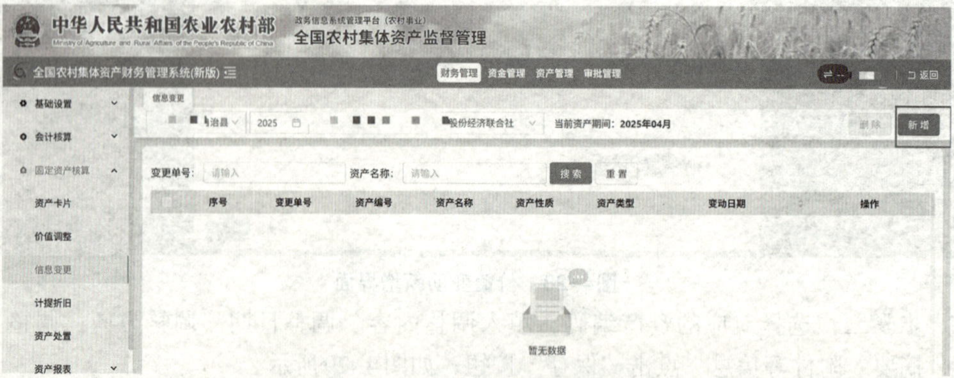

图4-31　固定资产信息变更界面

步骤二：选择对应的资产编码，填入资产性质、是否计提折旧、资产科目等信息，点击"保存"按钮，完成资产信息变更操作，如图4-32所示。

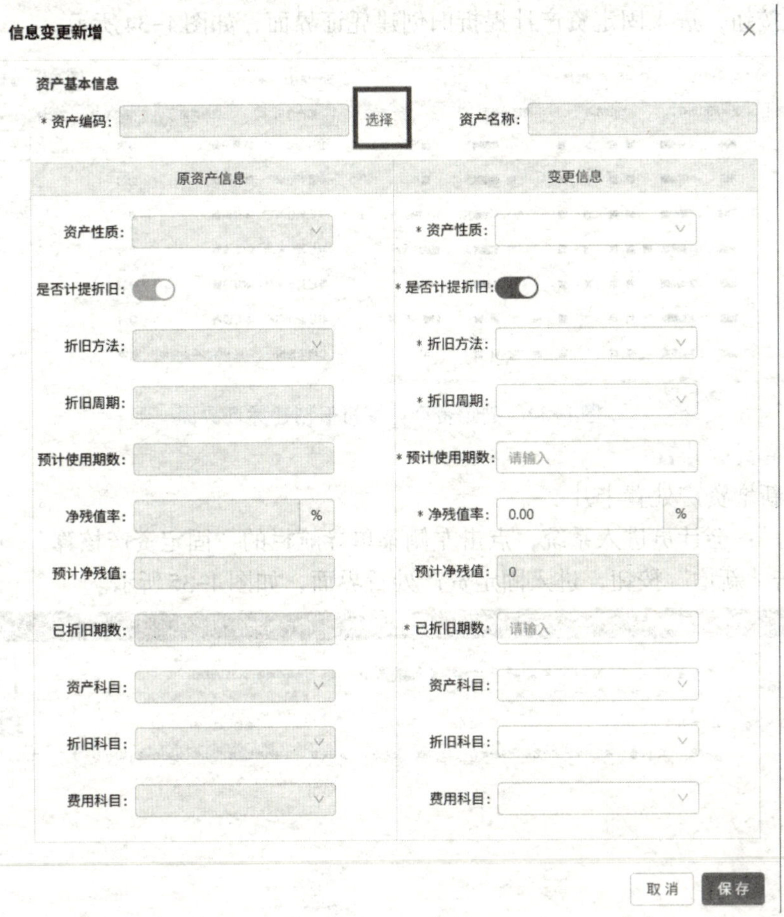

图4-32　固定资产信息变更界面

（二）固定资产折旧与处置

1.固定资产折旧

会计员进入系统，选择左侧导航栏的"计提折旧"，进入界面后，点击右上角"计提折旧"按钮，即可完成资产计提折旧/摊销，如图4-33所示。

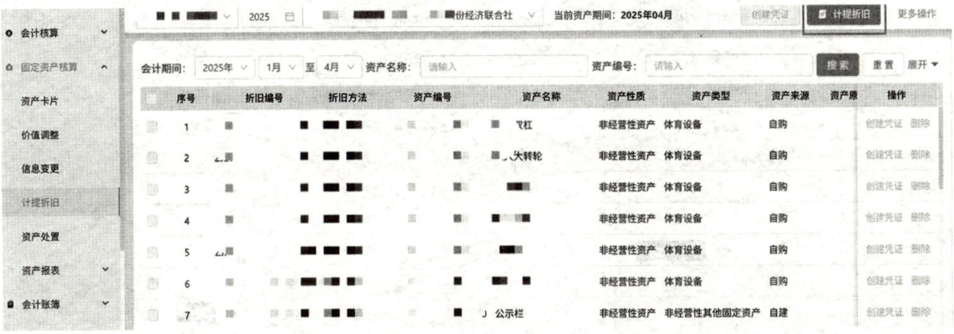

图4-33　计提折旧界面

2.创建固定资产计提折旧记账凭证

点击左侧导航栏的"计提折旧"，进入界面后，选择"固定资产"，点击右侧"创建凭证"按钮，进入固定资产计提折旧创建凭证界面，如图4-34所示。

	序号	折旧编号	折旧方法	资产编号	资产名称	资产性质	资产类型	资产来源	资产原	操作
	1	▉	▉	▉	凹江	非经营性资产	体育设备	自购		创建凭证 删除
	2	▉	▉	▉	▉	非经营性资产	体育设备	自购		创建凭证 删除
	3	▉	▉	▉	几	非经营性资产	体育设备	自购		创建凭证 删除
	4	▉	▉	▉	摩器	非经营性资产	体育设备	自购		创建凭证 删除
	5	▉	▉	▉	▉	非经营性资产	体育设备	自购		创建凭证 删除
	6	▉	▉	▉	▉	非经营性资产	体育设备	自购		创建凭证 删除
	7	▉	▉	▉	示栏	非经营性资产	非经营性其他固定资产	自建		创建凭证 删除

图4-34 固定资产计提折旧创建凭证界面

3.固定资产处置

（1）新增资产处置卡片。

步骤一：会计员进入系统，点击左侧菜单导航栏的"固定资产核算"→"资产处置"；点击"新增"按钮，进入固定资产处置界面，如图4-35所示。

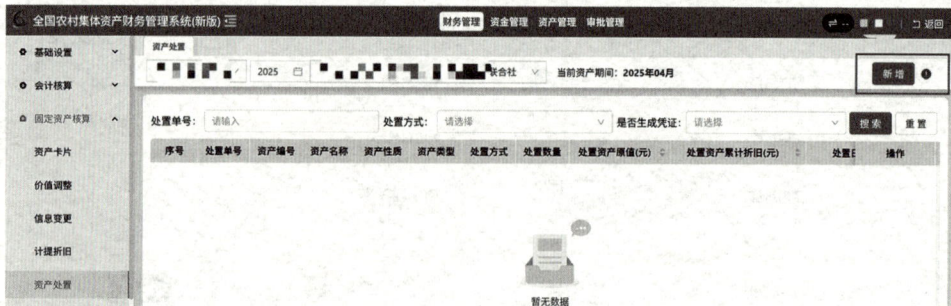

图4-35 固定资产处置界面

步骤二：选择对应的资产编码，填入处置日期、处置方式、处置数量、处置原因、附件等信息，点击"保存"按钮，完成资产处置操作，如图4-36所示。

图4-36 固定资产处置新增界面

（2）创建固定资产处置记账凭证。

会计员进入系统，点击左侧菜单导航栏的"固定资产核算"→"资产处置"，选择对应固定资产，点击右侧"创建凭证"，进入固定资产处置记账凭证界面，如图4-37所示。

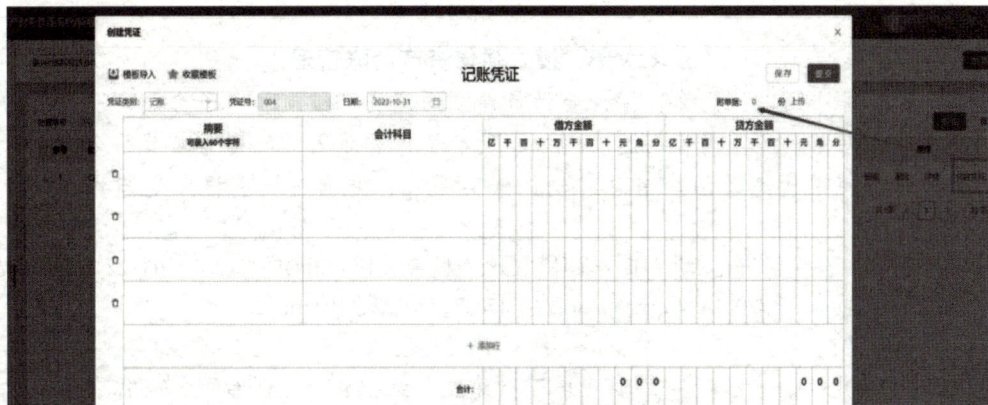

图4-37 固定资产处置记账凭证界面

（三）资产与折旧变动表查询

点击左侧导航栏的"资产与折旧变动表"，按条件查询资产与折旧变动信息，如图4-38所示。

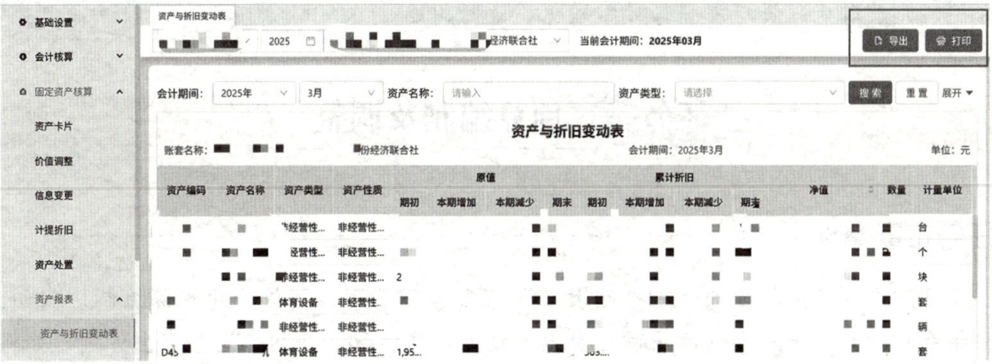

图4-38 资产与折旧变动表界面

任务实施

针对"任务布置"中的经济业务，相关处理程序如下：

步骤一：接受捐赠的公共健身器材登记价值确定

在平台上登记时，应当按增值税发票所列金额加上实际发生的运杂费确定，即该村接受捐赠的公共健身器材应当登记的入账价值为8 420元。

步骤二：若增值税发票遗失，接受捐赠的公共健身器材登记价值确定

若增值税发票遗失，该村接受捐赠的公共健身器材按同类固定资产的市价加上应支付的相关税费在平台上登记。

步骤三：未来处置该批公共健身器材的平台操作步骤

首先，点击"固定资产核算"→"资产处置"→"新增"，新增资产处置卡片，填写处置资产基本信息。然后，点击"固定资产核算"→"资产处置"→"创建凭证"创建固定资产处置记账凭证。

育德润心

"五化六步"模式强化资产台账管理

某县根据"五化"监管目标，会计员建立固定资产纸质和电子台账，明确管护责任人，解决资产漏登漏管问题。例如，所有资产须录入"三资"监管平台，会计员定期核对使用状态及图片信息，确保账实一致，并通过民主程序规范资产处置流程。

资料来源：陈磊."五化六步"提升集体"三资"监管水平［EB/OL］.［2022-03-22］. http：// journal.crnews.net/nccwhj/2021n/2021nd5q/cwjg/946250_20220322011941.html.

德育要素：

（1）"守规矩、护公产"的职业操守：建立并维护资产电子台账，确保资产登记无遗漏、数据真实透明。

（2）群众观念与集体责任感：通过民主程序规范资产处置流程，促进干群信任。

职业点拨：

（1）对于固定资产登记及变动，合理确定入账价值。

（2）及时识别资产漏登等异常数据，及时纠偏。

任务三　预算编制及调整

任务布置

2025年4月，某镇通过"合议共管"规范合同管理，间接优化预算编制。例如，村组在签订鱼塘出租合同时明确租金收入纳入年度预算，并动态调整支出计划，如将新增租金用于环境整治。

思考：

（1）村组鱼塘的租金收入属于哪项预算收入类别？

（2）若新增租金改变用途，在平台上如何进行预算调整？

（3）农村集体经济组织预算合规性监督的意义有哪些？

知识精讲4-3

预算编制及调整

知识点拨

一、农村集体经济组织预算内容

农村集体经济组织预算内容见表4-6。

表4-6 农村集体经济组织预算内容

预算类别	收支类别	收支内容
农村集体经济组织收入预算内容	经营收入	生产销售收入、租赁收入、服务性收入等
	财政补助收入	征占集体土地补偿、生态公益林补助、退耕还林补助等
	投资收益	对外投资分得的股利、对外投资分得的利润、对外投资分得的债券利息
	资源发包收入及村(组)办企业上交利润	农户和承包单位因承包集体耕地、林地、果园、鱼塘及其他集体资源等上交的承包金及村(组)办企业上交的利润
	其他收入	集体资产处置、利息、用于发展集体经济的社会捐赠等
农村集体经济组织支出预算内容	经营活动支出	生产资料费、运输费、生产用固定资产折旧等
	日常管理费用	办公费、干部工资、水电费、修理费等
	村内公益和综合服务支出	环境卫生整治、垃圾处理、污水处理、绿化美化支出等
	其他支出	符合相关政策前提下，用于保障村级组织和村务运转经费、补贴村组干部报酬待遇等

二、农村集体经济组织预算编制

村级集体经济组织应当在每年3月31日前完成上年度财务收支决算、收益分配方案和当年财务收支预算的编制，详细说明上年度财务收支预算执行情况，执行与预算之间的差异及原因，当年财务收支预算的具体内容。

村级集体经济组织财务收支预决算应当按照"四议两公开"程序经研究审议后，书面报告乡镇人民政府，乡镇人民政府指导村级集体经济组织完善后，提请村级集体经济组织成员（代表）会议决议，经公示无异议后执行，并报乡镇人民政府备案。

农村集体经济组织预算支出调整见表4-7。

表4-7 农村集体经济组织预算支出调整

调整类别	处理办法
年度收支预算已通过且明确了具体支出项目的事项	据实审批入账支出，无须再开展"四议两公开"
支出内容、金额轻微调整的事项	经村级集体经济组织理事会联席会议讨论通过后，据实审批入账支出，预算调整情况报乡镇人民政府备案并进行财务公开
支出内容、金额重大调整的事项	经"四议两公开"程序通过后，据实审批入账支出，并报乡镇人民政府备案
年度收支预算已通过但未明确具体支出项目的事项	按财务管理规定程序执行
因不可抗力无法召开会议审议的支出	报乡镇人民政府同意后执行，不可抗力消除后及时召开会议审议并公开有关情况

三、系统流程解析

（一）预算编制

步骤一：会计员登录系统，点击左侧菜单导航栏的"预算管理"→"事项申请"→"预算编制"，进入预算编制界面，如图4-39所示。

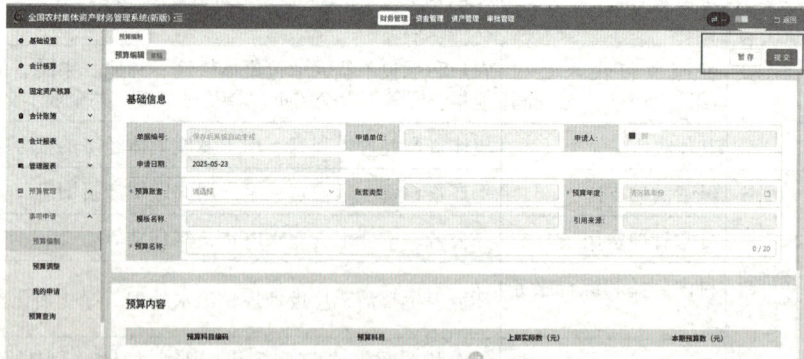

图4-39　预算编制操作界面

步骤二：选择相应的"预算账套"后，账套类型由系统自动带出，选择预算年份、模板名称、预算名称，根据业务填写预算内容，最后点击右上角"提交"按钮。

步骤三：会计员进入系统，点击左侧菜单导航栏的"预算管理"→"事项申请"→"我的申请"，进入我的申请界面，查看提交的预算编制单状态，如图4-40所示。

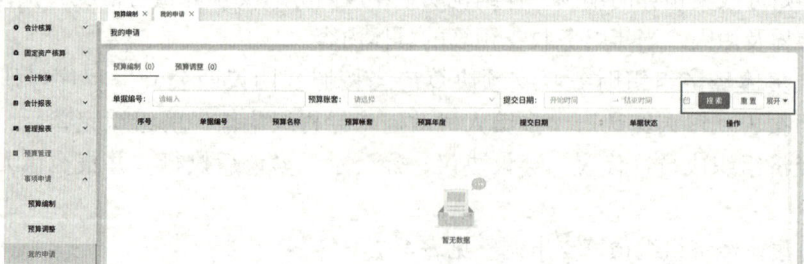

图4-40　我的申请界面

步骤四：会计员进入系统，点击左侧菜单导航栏的"预算管理"→"预算查询"，点击左侧"行政区划"，查看审批通过的预算编制表，最后点击"执行详情"进行查看，如图4-41所示。

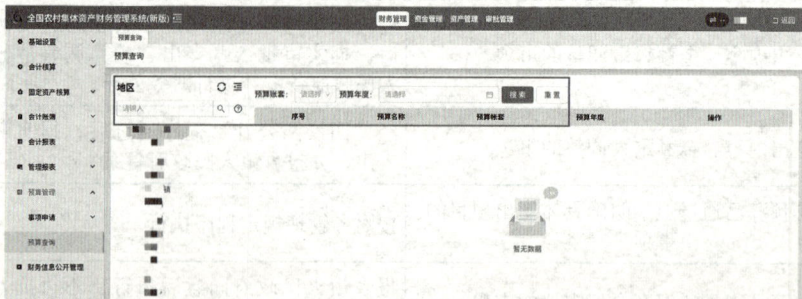

图4-41　预算查询界面

（二）预算调整

步骤一：会计员登录系统，点击左侧菜单导航栏的"预算管理"→"事项申请"→"预算调整"，进入预算调整界面，如图4-42所示。

图4-42 预算调整界面

步骤二：点击"预算调整"按钮，填写事项说明、预算内容、附件资料，点击"提交"即可；点击"调整记录"，即可查看预算调整修改的内容。

任务实施

针对"任务布置"中的经济业务，相关处理程序如下：

步骤一：村组鱼塘租金收入所属预算收入类别的确定

村组鱼塘租金收入属于经营收入。

步骤二：新增租金改变用途，预算调整的平台操作

首先，点击左侧菜单导航栏的"预算管理"→"事项申请"→"预算调整"，进入预算调整界面；然后，点击"预算调整"按钮，填写事项说明、预算内容、附件资料；最后，点击"提交"即可完成预算调整。

步骤三：农村集体经济组织预算合规性监督的意义

预算合规性监督能够有效防范资金挪用、虚报冒领等违规行为。规范资金使用，能为乡村振兴提供稳定支撑。

育德润心

村财预算"阳光行"，绘就集体经济"振兴图"

某镇作为村级财务预算制试点，通过"四议两公开"程序制定年度财务预算。预算草案涵盖收入来源和支出方向，并严格遵循"量入为出、统筹兼顾"原则。"三资"管理服务中心的监督资金直达制度，有效杜绝了现金支付和非生产性支出超支。2025年预算方案票决通过后，镇政府还通过财务公示栏和线上平台公开收支明细，接受村民监督。

资料来源：佚名. 广汉："村财预算"阳光行"，绘就集体经济"振兴图"[EB/OL]. [2025-01-13]. https://www.sohu.com/a/848466904_121123523.

德育要素：

（1）合规意识与制度敬畏感：预算编制中严格执行"四议两公开"程序，培养对制度的高度敬畏感。

（2）扎根基层、服务乡村的奉献精神：会计工作不仅是数据处理，更是通过规范管理优化资源配置、增进群众福祉。

职业点拨：

（1）提升预算编制与民主决策协同能力，预算编制须结合"四议两公开"程序，会计员须协调村党委、村民代表等多方意见，将村民需求转化为可执行的财务计划。

（2）利用平台数据分析识别超支风险，及时进行预算调整。

任务四　会计报表查询及管理

任务布置

2025年2月，某县依据新农村集体经济组织会计制度，增设42个三级科目，统一核算口径、内容与统计标准，确保每笔账务处理清晰可查。光伏资金、固定资产核算等复杂业务被精准分类，解决了科目混乱导致的报表数据失真问题。

思考：

（1）统一核算口径、内容与统计标准的意义有哪些？

（2）平台中哪项功能可帮助实现每笔账务处理清晰可查？

知识点拨

一、会计报表的种类

知识精讲4-4

会计报表查询及管理

会计报表一般可按所反映的经济内容、编报时间和编报单位进行分类。

农村集体经济组织的会计报表，按其反映的经济内容，可分为科目余额表、资产负债表、收益及收益分配表、收支明细表；按其编报的时间，可分为月报、季报和年报；按其编报单位，可分为单位报表和汇总报表。

月度或季度会计报表即科目余额表、收支明细表的格式由各省、自治区、直辖市的财政部门或农村经营管理部门根据《农村集体经济组织会计制度》进行规定。具体格式范例见表4-8与表4-9。

二、会计报表格式及编制方法

（一）资产负债表格式及编制方法

资产负债表反映农村集体经济组织在某一特定日期全部资产、负债和所有者权益的情况，见表4-10。资产负债表"年初余额"栏内各项数字，应根据上年年末资产负债表"期末余额"栏内所列数字填列。如果本年度资产负债表规定项目的名称和内

表4-8 科目余额表

填报单位： 年 月 日 单位：元

序号	科目编号	科目名称	期初余额		本期发生额		期末余额	
			借方	贷方	借方	贷方	借方	贷方
1	101	库存现金						
2	102	银行存款						
3	111	短期投资						
4	112	应收款						
5	113	内部往来						
6	121	库存物资						
7	131	消耗性生物资产						
8	132	生产性生物资产						
9	133	生产性生物资产累计折旧						
10	134	公益性生物资产						
11	141	长期投资						
12	151	固定资产						
13	152	累计折旧						
14	153	在建工程						
15	154	固定资产清理						
16	161	无形资产						
17	162	累计摊销						
18	171	长期待摊费用						
19	181	待处理财产损溢						
20	201	短期借款						
21	211	应付款						
22	212	应付工资						
23	213	应付劳务费						
24	214	应交税费						
25	221	长期借款及应付款						
26	231	一事一议资金						
27	241	专项应付款						

续表

序号	科目编号	科目名称	期初余额		本期发生额		期末余额	
			借方	贷方	借方	贷方	借方	贷方
28	301	资本						
29	311	公积公益金						
30	321	本年收益						
31	322	收益分配						
32	401	生产（劳务）成本						
33	501	经营收入						
34	502	投资收益						
35	503	补助收入						
36	504	其他收入						
37	511	经营支出						
38	512	税金及附加						
39	513	管理费用						
40	514	公益支出						
41	515	其他支出						
42	521	所得税费用						
合计								

财务负责人：　　　　　　　　　　填报人：

表4-9 　　　　　　　　　　　　　**收支明细表**

填报单位：　　　　　　　　　年　月　日　　　　　　　　　　　　　单位：元

项目	行次	本月数	本年累计数	项目	行次	本月数	本年累计数
一、经营收入	1			一、经营支出	12		
1.农产品销售收入	2			1.销售农产品成本及费用	13		
2.物资销售收入	3			2.销售物资成本及费用	14		
3.租赁收入	4			3.租赁成本及费用	15		
4.服务收入	5			4.服务（劳务）成本	16		
5.劳务收入	6			5.其他支出	17		
6.其他收入	7			二、税金及附加	18		
二、投资收益	8			三、管理费用	19		

续表

项目	行次	本月数	本年累计数	项目	行次	本月数	本年累计数
三、补助收入	9			1.工资及奖金	20		
四、其他收入	10			2.办公经费	21		
				3.差旅费	22		
				4.修理费	23		
				5.邮电信息费	24		
				6.折旧费	25		
				7.业务招待费	26		
				8.其他	27		
				四、公益支出	28		
				五、其他支出	29		
				1.利息支出	30		
				2.公益支出	31		
				3.盘亏毁损	32		
				4.其他	33		
				六、所得税费用	34		
收入合计	11			支出合计	35		
收支差额					36		

财务负责人：　　　　　　　　填报人：

容同上年度不一致，应当对上年年末资产负债表项目的名称和数字按照本年度的规定进行调整，将调整后数字填入本表"年初余额"栏内，并加以书面说明。

表4-10　　　　　　　　　　　　资产负债表

村会01表

编制单位：　　　　　　　　　　　年　月　日　　　　　　　　　　单位：元

资产	期末余额	年初余额	负债及所有者权益	期末余额	年初余额
流动资产：			流动负债：		
货币资金			短期借款		
短期投资			应付款项		
应收款项			应付工资		
存货			应付劳务费		

续表

资　产	期末余额	年初余额	负债及所有者权益	期末余额	年初余额
消耗性生物资产			应交税费		
流动资产合计			流动负债合计		
非流动资产：			非流动负债：		
长期投资			长期借款及应付款		
生产性生物资产原值			一事一议资金		
减：生产性生物资产累计折旧			专项应付款		
生产性生物资产净值			非流动负债合计		
固定资产原价			负债合计		
减：累计折旧			所有者权益：		
固定资产净值			资本		
在建工程			公积公益金		
固定资产清理			未分配收益		
固定资产小计			所有者权益合计		
无形资产原值					
减：累计摊销					
无形资产净值					
公益性生物资产					
长期待摊费用					
非流动资产合计					
资产总计			负债及所有者权益总计		

财务负责人：　　　　　　填报人：

资产负债表"期末余额"各项目的内容和填列方法如下：

（1）"货币资金"项目，反映农村集体经济组织库存现金、银行存款等货币资金的期末合计数。本项目应根据"库存现金""银行存款"科目的期末余额合计填列。

（2）"短期投资"项目，反映农村集体经济组织能够随时变现并且持有时间不准备超过1年（含1年）的投资的账面余额。本项目应根据"短期投资"科目的期末余额填列。

（3）"应收款项"项目，反映农村集体经济组织期末尚未收回的应收及暂付款项。本项目应根据"应收款"科目期末借方余额和"内部往来"各明细科目期末借方余额合计数合计填列。

（4）"存货"项目，反映农村集体经济组织期末在库、在途、在加工和在培育中各项存货的成本，包括各种原材料、农用材料、农产品、工业产成品等物资、在产品等。本项目应根据"库存物资""生产（劳务）成本"等科目的期末余额合计填列。

（5）"消耗性生物资产"项目，反映农村集体经济组织各种消耗性生物资产的账面余额。本项目应根据"消耗性生物资产"科目的期末余额填列。

（6）"流动资产合计"项目，反映农村集体经济组织期末流动资产的合计数。本项目应根据本表中"货币资金""短期投资""应收款项""存货""消耗性生物资产"项目金额的合计数填列。

（7）"长期投资"项目，反映农村集体经济组织持有时间准备超过1年（不含1年）的投资的账面余额。本项目应根据"长期投资"科目的期末余额填列。

（8）"生产性生物资产原值"项目和"生产性生物资产累计折旧"项目，反映农村集体经济组织生产性生物资产的原值及累计折旧。这两个项目应根据"生产性生物资产"科目和"生产性生物资产累计折旧"科目的期末余额填列。

（9）"生产性生物资产净值"项目，反映农村集体经济组织生产性生物资产原值扣除生产性生物资产累计折旧后的余额。本项目应根据本表中"生产性生物资产原值"项目金额减去"生产性生物资产累计折旧"项目金额后的余额填列。

（10）"固定资产原值"项目和"累计折旧"项目，反映农村集体经济组织固定资产的原值及累计折旧。这两个项目应根据"固定资产"科目和"累计折旧"科目的期末余额填列。

（11）"固定资产净值"项目，反映农村集体经济组织固定资产原值扣除累计折旧后的余额。本项目应根据本表中"固定资产原值"项目金额减去"累计折旧"项目金额后的余额填列。

（12）"在建工程"项目，反映农村集体经济组织各项尚未完工或虽已完工但尚未办理竣工决算并交付使用的工程项目实际成本。本项目应根据"在建工程"科目的期末余额填列。

（13）"固定资产清理"项目，反映农村集体经济组织因出售、报废、毁损等原因转入清理但尚未清理完毕的固定资产的账面价值，以及固定资产清理过程中发生的清理费用和清理收入等各项金额的差额。本项目应根据"固定资产清理"科目的期末借方余额填列；如为贷方余额，本项目数字应以"–"号填列。

（14）"固定资产小计"项目，反映农村集体经济组织期末固定资产、在建工程、转入清理但尚未清理完毕的固定资产的小计数。本项目应根据本表中"固定资产净值""在建工程""固定资产清理"项目金额的合计数填列。

（15）"无形资产原值"项目和"累计摊销"项目，反映农村集体经济组织无形资产的原值及累计摊销。这两个项目应根据"无形资产"科目和"累计摊销"科目的期末余额填列。

（16）"无形资产净值"项目，反映农村集体经济组织无形资产原值扣除累计摊销后的余额。本项目应根据本表中"无形资产原值"项目金额减去"累计摊销"项目金额后的余额填列。

（17）"公益性生物资产"项目，反映农村集体经济组织各种公益性生物资产的账面余额。本项目应根据"公益性生物资产"科目的期末余额填列。

（18）"长期待摊费用"项目，反映农村集体经济组织尚未摊销完毕的长期待摊费用。本项目应根据"长期待摊费用"科目的期末余额填列。

（19）"非流动资产合计"项目，反映农村集体经济组织期末非流动资产的合计数。本项目应根据本表中"长期投资""生产性生物资产净值""固定资产小计""无形资产净值""公益性生物资产""长期待摊费用"项目金额的合计数填列。

（20）"资产总计"项目，反映农村集体经济组织期末资产的合计数。本项目应根据本表中"流动资产合计"和"非流动资产合计"项目金额的合计数填列。

（21）"短期借款"项目，反映农村集体经济组织借入偿还期在1年以内（含1年）的、尚未偿还的各种借款。本项目应根据"短期借款"科目的期末余额填列。

（22）"应付款项"项目，反映农村集体经济组织期末应付而未付的、偿还期在1年以内（含1年）的各种应付及暂收款项。本项目应根据"应付款"科目期末贷方余额和"内部往来"各明细科目期末贷方余额合计数合计填列。

（23）"应付工资"项目，反映农村集体经济组织已提取但尚未支付的管理人员、固定员工等职工的工资。本项目应根据"应付工资"科目的期末余额填列。

（24）"应付劳务费"项目，反映农村集体经济组织已提取但尚未支付的季节性用工等临时性工作人员的劳务费。本项目应根据"应付劳务费"科目的期末余额填列。

（25）"应交税费"项目，反映农村集体经济组织期末未缴纳、多缴纳或未抵扣的各种税费。本项目应根据"应交税费"科目的期末贷方余额填列；如为借方余额，本项目数字以"-"号填列。

（26）"流动负债合计"项目，反映农村集体经济组织期末流动负债的合计数。本项目应根据本表中"短期借款""应付款项""应付工资""应付劳务费""应交税费"项目金额合计数填列。

（27）"长期借款及应付款"项目，反映农村集体经济组织借入尚未偿还的期限在1年以上（不含1年）的借款以及偿还期在1年以上（不含1年）的应付未付款项。本项目应根据"长期借款及应付款"科目的期末余额填列。

（28）"一事一议资金"项目，反映农村集体经济组织筹集的一事一议资金的余额。本项目应根据"一事一议资金"科目的期末贷方余额填列；如为借方余额，本项目数字以"-"号填列。

（29）"专项应付款"项目，反映农村集体经济组织实际收到政府给予的具有专门用途且未来应支付用于专门用途的专项补助资金金额。本项目应根据"专项应付款"科目的期末余额填列。

（30）"非流动负债合计"项目，反映农村集体经济组织期末非流动负债的合计数。本项目应根据本表中"长期借款及应付款""一事一议资金""专项应付款"项目金额的合计数填列。

（31）"负债合计"项目，反映农村集体经济组织期末负债的合计数。本项目应根据本表中"流动负债合计"和"非流动负债合计"项目金额的合计数填列。

（32）"资本"项目，反映农村集体经济组织按照章程等确定的属于本集体经济组织成员集体所有的相关权益金额。本项目应根据"资本"科目的期末余额填列。

（33）"公积公益金"项目，反映农村集体经济组织从收益中提取的和其他来源取得的公积公益金的账面余额。本项目应根据"公积公益金"科目的期末余额填列。

（34）"未分配收益"项目，反映农村集体经济组织尚未分配的历年结存收益。本项目应根据"收益分配"科目的期末余额填列；如为未弥补的亏损，本项目数字以"-"号填列。

（35）"所有者权益合计"项目，反映农村集体经济组织期末所有者权益的合计数。本项目应根据本表中"资本""公积公益金""未分配收益"项目金额的合计数填列。

（36）"负债和所有者权益总计"项目，反映农村集体经济组织期末负债和所有者权益的合计数。本项目应根据本表中"负债合计"和"所有者权益合计"项目金额的合计数填列。

（二）收益及收益分配表格式及编制方法

收益及收益分配表反映农村集体经济组织在一定会计期间内收益实现及分配的实际情况，见表4-11。农村集体经济组织投资设立企业的收益等情况不在此列示。收益及收益分配表"上年金额"栏内各项数字，应根据上年度收益及收益分配表"本年金额"栏内各对应项目数字填列。

表4-11　　　　　　　　　　　收益及收益分配表

村会02表

编制单位：　　　　　　　　　年度　　　　　　　　　　　单位：元

项目	本年金额	上年金额
一、经营收入		
加：投资收益		
补助收入		
减：经营支出		
税金及附加		
管理费用		
其中：运转支出		
二、经营收益		
加：其他收入		
减：公益支出		
其他支出		
三、收益总额		

续表

项目	本年金额	上年金额
减：所得税费用		
四、净收益		
加：年初未分配收益		
其他转入		
五、可分配收益		
减：提取公积公益金		
向成员分配		
其他		
六、年末未分配收益		

收益及收益分配表"本年金额"各项目的内容及其填列方法如下：

（1）"经营收入"项目，反映农村集体经济组织进行各项生产销售、提供劳务、让渡集体资产资源使用权等经营活动取得的收入。本项目应根据"经营收入"科目的本期发生额分析填列。

（2）"投资收益"项目，反映农村集体经济组织对外投资取得的收益扣除发生的投资损失后的净额。本项目应根据"投资收益"科目的本期发生额分析填列；如为投资损失，本项目数字以"−"号填列。

（3）"补助收入"项目，反映农村集体经济组织获得的政府给予保障村级组织和村务运转的补助资金以及贷款贴息等经营性补助资金。本项目应根据"补助收入"科目的本期发生额分析填列。

（4）"经营支出"项目，反映农村集体经济组织因销售商品、提供劳务、让渡集体资产资源使用权等经营活动而发生的实际支出。本项目应根据"经营支出"科目的本期发生额分析填列。

（5）"税金及附加"项目，反映农村集体经济组织从事生产经营活动按照税法的有关规定应负担的相关税费。本项目应根据"税金及附加"科目的本期发生额分析填列。

（6）"管理费用"项目，反映农村集体经济组织管理活动发生的支出。本项目应根据"管理费用"的本期发生额分析填列。"其中：运转支出"项目，反映农村集体经济组织发生保障村级组织和村务运转的各项支出，包括村干部补助、村"两委"办公经费等，本项目应根据"管理费用"科目下相关明细科目的本期发生额分析填列。

（7）"经营收益"项目，反映农村集体经济组织当期通过生产经营活动实现的收益。本项目应根据本表中"经营收入""投资收益""补助收入"项目金额之和减去"经营支出""税金及附加""管理费用"项目金额后的余额填列。如为经营亏损，本项目数字以"−"号填列。

（8）"其他收入"项目，反映农村集体经济组织除经营收入、投资收益、补助收入以外的其他收入。本项目应根据"其他收入"科目的本期发生额分析填列。

（9）"公益支出"项目，反映农村集体经济组织发生的用于本集体经济组织内部公益事业、集体福利或成员福利的支出，以及公益性固定资产折旧和修理费等。本项目应根据"公益支出"科目的本期发生额分析填列。

（10）"其他支出"项目，反映农村集体经济组织发生除经营支出、税金及附加、管理费用、公益支出、所得税费用以外的其他各项支出。本项目应根据"其他支出"科目的本期发生额分析填列。

（11）"收益总额"项目，反映农村集体经济组织当期实现的收益总额。本项目应根据本表中"经营收益""其他收入"项目金额之和减去"公益支出""其他支出"项目金额后的余额填列。如为亏损总额，本项目数字以"-"号填列。

（12）"所得税费用"项目，反映农村集体经济组织根据税法规定确定的应从当期收益总额中扣除的所得税费用。本项目应根据"所得税费用"科目的本期发生额分析填列。

（13）"净收益"项目，反映农村集体经济组织本年实现的收益净额。本项目应根据本表中"收益总额"项目金额减去"所得税费用"项目金额后的余额填列。如为净亏损，本项目数字以"-"号填列。

（14）"年初未分配收益"项目，反映农村集体经济组织上年度未分配的收益。本项目应根据上年度收益及收益分配表中"年末未分配收益"项目的金额填列。如为未弥补亏损，本项目数字以"-"号填列。

（15）"其他转入"项目，反映农村集体经济组织按有关规定用公积公益金弥补亏损等转入的数额。本项目应根据实际转入的公积公益金数额填列。

（16）"可分配收益"项目，反映农村集体经济组织年末可分配的收益总额。本项目应根据本表中"净收益""年初未分配收益""其他转入"项目金额的合计数填列。如可分配收益为负数，本项目数字以"-"号填列。

（17）"提取公积公益金"项目，反映农村集体经济组织按照规定提取的公积公益金数额。本项目应根据实际提取的公积公益金数额填列。

（18）"向成员分配"项目，反映农村集体经济组织按照成员（代表）大会的决议，向成员分配的金额。本项目应根据"收益分配"科目下相关明细科目的借方发生额分析填列。

（19）"年末未分配收益"项目，反映农村集体经济组织年末累计未分配的收益。本项目应根据本表中"可分配收益"项目金额减去"提取公积公益金""向成员分配""其他"项目金额后的余额填列。如为未弥补的亏损，本项目数字以"-"号填列。

三、会计报表附注

会计报表附注是财务会计报告的重要组成部分。农村集体经济组织应当在会计报表附注中按照下列顺序至少披露以下内容：

（1）遵循农村集体经济组织会计制度的声明。农村集体经济组织应当声明编制的财务会计报告符合农村集体经济组织会计制度的要求，真实、完整地反映了农村集体经济组织的财务状况、经营成果等有关信息。

（2）农村集体经济组织的基本情况，包括：农村集体经济组织的资本总额、成员总数及构成、主要经营项目、集体经营性财产和非经营性财产的构成、是否由村民委员会代行职能等情况。

（3）成员权益结构，包括：农村集体经济组织的资本形成情况；成员享有的经营性财产收益权份额结构；成员权益变动情况。

（4）会计报表重要项目的进一步说明，包括其主要构成、增减变动情况等。

（5）已发生损失但尚未批准核销的相关资产名称、金额等情况及说明，包括：确实无法收回的应收款项；无法收回的对外投资；毁损和报废的固定资产；毁损和报废的在建工程；注销和无效的无形资产；已发生损失但尚未批准核销的其他资产。

（6）以名义金额计量的资产名称、数量等情况，以及以名义金额计量理由的说明；涉及处置的，还应披露以名义金额计量的资产的处置价格、处置程序等情况。

（7）对已在资产负债表、收益及收益分配表中列示项目与企业所得税法规定存在差异的纳税调整过程。

（8）其他重要事项，包括：接受捐赠；国家财政支持和税收优惠；提取公积公益金的比例；收益分配方案、亏损处理方案；经营收入中销售收入、劳务收入、出租收入、发包收入的构成情况；根据经营活动和公益活动划分负债的具体情况等。

（9）根据国家有关法律法规和集体经济组织章程等规定，需要在会计报表附注中说明的其他事项。

四、系统流程解析

（一）会计报表查询

步骤一：会计员进入系统，点击左侧菜单导航栏的"会计报表"，根据实际的需要去查询对应的报表，也可以按条件进行检索，如图4-43所示。

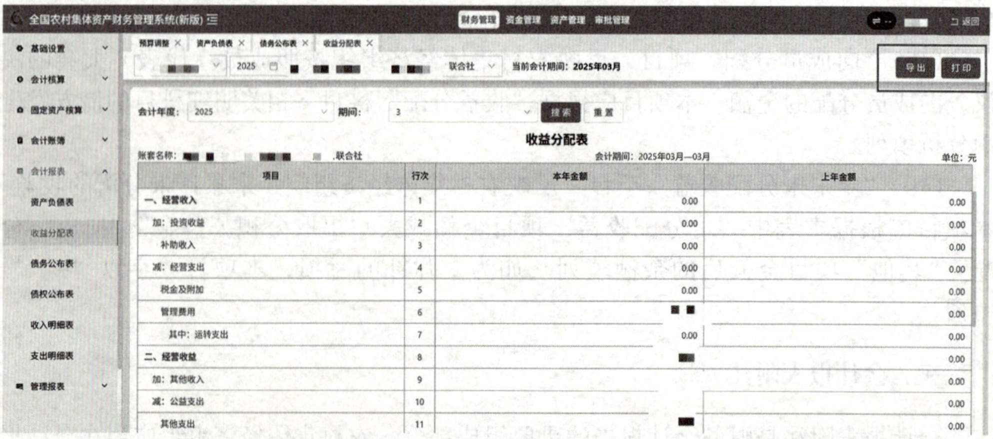

图4-43 会计报表界面

步骤二：点击"导出"和"打印"按钮，完成报表信息的导出和打印。

（二）账套进度统计

会计员进入系统，点击左侧菜单导航栏的"管理报表"→"账套进度统计"，选择年份，按照登录账号所在的行政区划，查看建账数量、完成初始化数量、年凭证数量、资产卡片数量等信息，如图4-44所示。

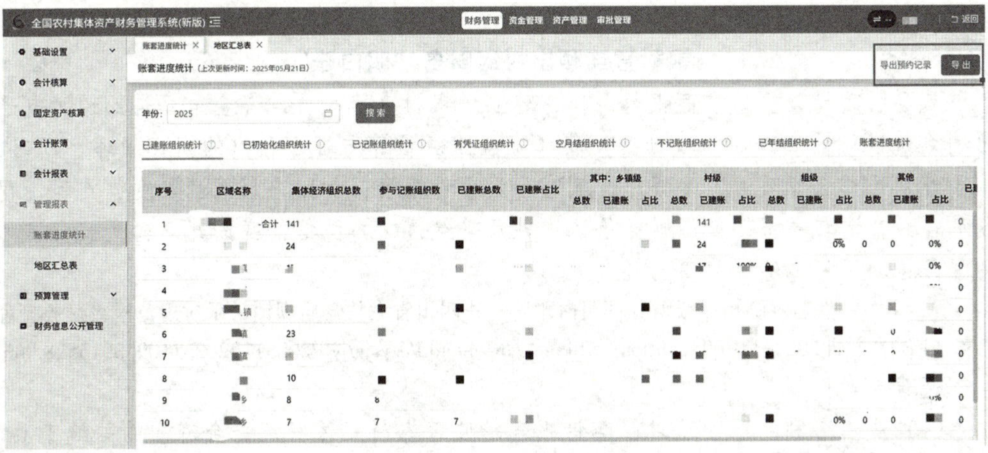

图4-44　账套进度统计界面

（三）地区汇总表查询

会计员进入系统，点击左侧菜单导航栏的"管理报表"→"地区汇总表"，可根据地区查询当地汇总报表，如图4-45所示。

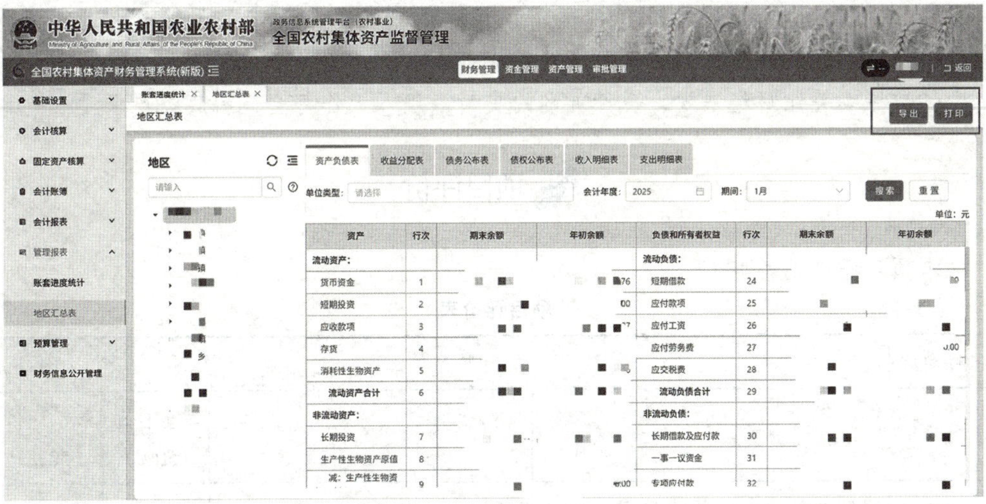

图4-45　地区汇总表查询界面

任务实施

针对"任务布置"中的经济业务，相关处理程序如下：

步骤一：统一核算口径、内容与统计标准的意义

通过"三个统一"使会计报表数据真实可靠，为后续财务预决算和"三资"管理

预警功能优化奠定基础，助力乡村振兴。

步骤二：借助"三资"平台实现每笔账务处理清晰可查

借助平台的账套进度统计功能，选择年份，按照登录账号所在的行政区划，查看建账数量、完成初始化数量、年凭证数量、资产卡片数量等信息，实现每笔账务处理清晰可查。

育德润心

银村直连晒出村级财务"明白账"

某县财政局与当地农商银行合作，建立了银村直连平台，资金结算全部通过电子出纳系统进行，实现了村（社区）集体资金账务核算与资金账户的闭环管理。同时，该县开发了"三资公开"小程序，实时公示会计报表，如账户余额、季度收支等，村民可在线查询与举报，使得财务信访案件几乎绝迹，村民信任度提升，村干部公信力增强，推动了集体经济健康发展。

资料来源：佚名. 晒出村级财务"明白账"——四川省大竹县庙坝镇长乐村规范村级财务管理纪实［EB/OL］.［2023-11-09］. https://bj.mof.gov.cn/ztdd/czysjg/jyjl/202311/t20231109_3915578.htm.

德育要素：

（1）淡泊名利的职业追求：会计报表是监督农村集体经济资金流向的关键工具。财务人员应将报表审核与内控机制结合，形成廉洁自律的思想防线。

（2）群众立场与服务意识：会计报表面向全体村民公开，保障了村民的知情权与监督权，践行了以人民为中心的发展思想。

职业点拨：

（1）适应农村财务数字化管理的需求，利用"三资"监管平台实现报表数据公开，确保数据的及时性、完整性和准确性。

（2）持续关注财经法规、会计准则的更新，确保工作符合最新政策要求。

在线测评4-1

项目四

项目评价

本项目评价见表4-12。

表4-12 　　　　　　　　项目评价表

项目名称	会计员岗位工作			
评价要点		评分标准	学生自评（50%）	教师评价（50%）
知识掌握（30分）	理解会计科目、记账凭证、固定资产管理、预算编制及会计报表的概念（10分）	·优秀（8~10分）：能准确掌握知识点并举例应用 ·良好（5~7分）：基本掌握知识点但存在细节疏漏 ·待改进（0~4分）：概念模糊或混淆知识点的适用性		
	熟悉农业农村部"三资"管理的相关政策要求，掌握财务操作中的合规性标准（10分）			

续表

项目名称		会计员岗位工作		
	评价要点	评分标准	学生自评（50%）	教师评价（50%）
	掌握期末结转、结账的操作逻辑，理解会计分期的核心作用（10分）			
技能提升（40分）	熟练完成记账凭证的编制与审核操作（10分）	•优秀（8~10分）：操作无错误，计算精确，分析全面。 •良好（5~7分）：操作有1~2处错误，操作逻辑正确且结果偏差≤5%。 •待改进（0~4分）：操作错误≥3处，操作逻辑混乱		
	能够完成固定资产全生命周期管理（10分）			
	能够编制和调整预算，并根据实际需求进行动态优化（10分）			
	能够熟练查询会计报表，统计分析账务进度及财务数据（10分）			
素质养成（30分）	具有严谨规范的操作意识（10分）	•优秀（8~10分）：案例分析决策合理，主动提出合规建议。 •良好（5~7分）：能完成基础分析但缺乏创新。 •待改进（0~4分）：决策违背职业伦理或缺乏政策认同感		
	具有数字化工具与数据协同应用能力（10分）			
	具有对乡村振兴战略的认同感（10分）			
综合评价成绩（100分）				

学生自评：

学生签字：

教师评语：

教师签字：

学习目标

知识目标

1. 掌握农村集体经济组织资产的分类和范围，理解生物资产、存货资产、无形资产、固定资产、集体土地资产等不同类型资产的特点和管理要求。

2. 了解资产购置、登记、修缮、报废、租赁、抵押等管理流程。

3. 掌握资产购置、登记、修缮、报废等操作的具体要求。

4. 掌握资产购置、登记、修缮、报废、租赁、抵押等操作的系统录入流程和注意事项。

技能目标

1. 能够独立完成资产购置申请的全流程操作，包括材料准备、系统录入、审批跟踪等。

2. 能够对生物资产、存货资产、无形资产、固定资产、集体土地资产等进行准确登记。

3. 能够熟练操作资产管理系统，完成资产登记、出租、修缮、报废、抵押的信息录入、提交、审核等操作。

4. 能够跟踪审批流程，及时处理审批中的问题，确保资产登记等工作顺利进行。

素养目标

1. 培养规则意识和合规意识，确保操作的合法性和合规性。

2. 培养诚信意识，树立良好的职业道德。

3. 培养责任意识，确保资产的安全、完整和保值增值。

4. 培养创新意识，提高资产管理效率和效益。

岗位说明

资产管理员主要负责农村集体经济组织资产的全面管理，包括资产购置、登记、修缮、报废、租赁及抵押等业务的操作与审核。资产管理员需要熟练掌握各类资产（如生物资产、存货、无形资产、固定资产、集体土地等）的特点及管理要求，熟练操作资产管理系统进行信息录入与审核，同时应具备高度的责任心与合规意识，确保资产管理的合法合规与账实相符，维护集体资产的安全与增值。

工作导航

岗位	工作任务	工作分解
资产管理员	资产购置申请	新增资产购置申请
	资产登记	登记生物资产
		登记存货资产
		登记无形资产
		登记固定资产
		登记集体土地资产
	资产其他事项申请	申请资产租赁
		申请资产修缮
		申请资产抵押
		申请资产处置

任务一　资产购置申请

任务布置

2025年3月，某村申请购置2台立式空调，放置于村委会办公室，作为日常办公用空调。资产管理员须完成资产购置申请的全流程操作，包括材料准备、系统录入、审批跟踪等。

思考：

（1）资产购置包括哪些步骤？

（2）系统操作中需要录入哪些信息？上传哪些资料？

（3）审批流程中需要注意哪些风险点？

知识点拨

一、农村集体经济组织资产的含义

农村集体经济组织资产是指拥有使用期限在一年以上的房屋建筑物、农业机械、机电设备、电力设施、交通通信工具、各项农田水利等生产性设施和公益性设施、硬化道路、村办企业、集体牲畜、农村集体接受捐赠、资助、奖励等形成的资产，以及依法属于农村集体所有的其他资产。

知识精讲5-1

资产购置申请

二、农村集体经济组织资产的内容

（1）农村集体投资和国家支持农村集体投资形成的房屋、建筑物、机器、设备以及农田水利等农业基本建设设施和教育、科技、文化、卫生、体育、供水供电、交通通信等公益性设施。

（2）农村集体兴办的企业的股权及其权益，以及通过兼并、分立、有偿转让等方式形成的股权。

（3）农村集体在联营企业、股份制企业、股份合作制企业、中外合资、合作经营企业和集资建设的项目中投资入股，按照投资份额拥有的资产、股份及其权益。

（4）农村集体所有的牲畜（禽）、林水等生物资产。

（5）农村集体接受捐赠、资助等形成的资产。

（6）农村集体所有的固定资产、库存物资等有形资产。

（7）农村集体拥有的专利权、商标、商誉等无形资产。

（8）依法属于农村集体所有的其他资产。

三、农村集体经济组织资产管理

（一）日常管理

知识拓展 5-1

农村集体资产的产权制度改革与确权登记

农村集体资产可以按照所有权和经营权分离的原则，采取多种经营形式，实行有偿使用管理。资产所有权的取得、变更或终止，经营方式的确定和变更，资产的购（处）置和其他涉及资产管理工作的重要事项，必须经村"两委"会研究、村务监督委员会审核、村民会议或村民代表会议讨论通过，经代理中心审核后，报乡镇（街道）管理监督委员会审批实施。

属于农村集体所有的各类资产，凡单位价值在 1 000 元以上，使用年限在一年以上的列为固定资产，分类建立资产登记台账；为群众生产生活服务的公益性资产（如村组道路、桥梁、水利渠道等），具有固定资产性质的，按固定资产管理，列入固定资产登记簿。农村集体经济组织应建立健全资产的登记、保管、使用和清查制度，明确专人管理，及时记录资产增减变动情况，每年开展一次资产清查，确保账实相符；如实填报资产统计报表，及时向村民公布。

（二）购置管理工作流程

村"两委"会研究提出方案：村党支部委员会和村民委员会共同研究并提出购置固定资产或兴办工程建设项目的方案。

村务监督委员会审核：村务监督委员会对方案进行审核，确保其合理性和合规性。

村民会议或村民代表会议讨论通过：方案须提交村民会议或村民代表会议讨论并表决通过。

报乡镇（街道）管理监督委员会批准：通过后的方案须报乡镇（街道）管理监督委员会批准。

集中采购或公开招投标程序进行：批准后，固定资产购置或工程项目须按照集中采购或公开招投标程序进行。

村级工程项目建设监管、验收：应有村民代表、村务监督委员会成员和乡镇（街道）产权交易中心人员参加。

资产购置管理流程如图5-1所示。

四、系统流程解析

步骤一：资产管理员点击左侧菜单导航栏的"资产购置申请"，然后点击右上角"新增"按钮，进入资产购置申请界面，如图5-2所示。

步骤二：录入基本信息，单据编号、申请单位、申请人、申请日期由系统自动带出。

步骤三：选择购置资产、填写预申请金额、预申请数量、事项说明。

步骤四：最后上传附件，点击"提交"按钮。

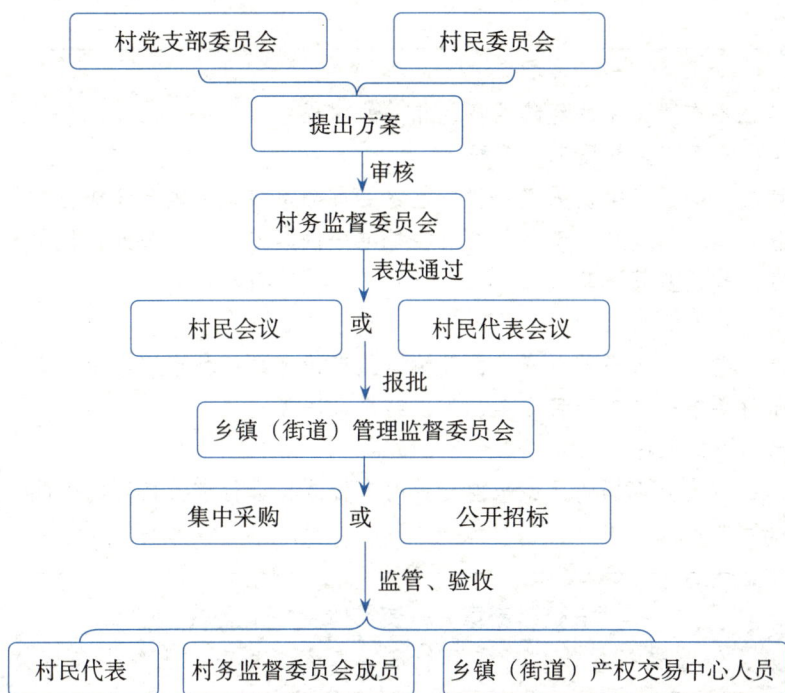

图5-1　资产购置管理流程

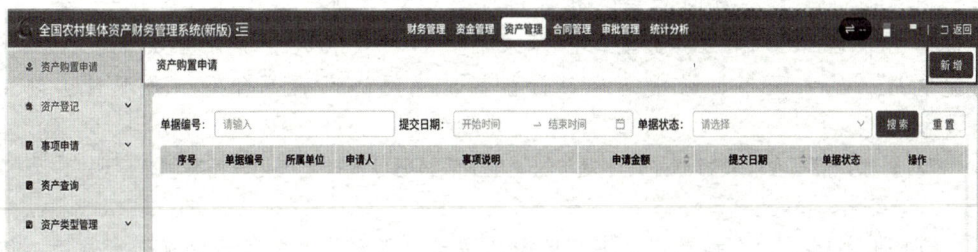

图5-2　资产购置申请界面

功能指引5-1

　　【后续审批】提交后的申请会根据此区域当前配置的审批流程进行审批任务的分配。审核员登录系统后，可在"审批管理"→"审批中心"→"待办已办"中对单据进行审核。

　　【后续查询】资产管理员可在"资产购置申请"中查询该单据的详细情况，获取当前的审批记录。

　　【编辑】编辑资产购置申请信息。

　　【详情】查看资产购置申请信息。

　　【删除】删除资产购置申请信息。

任务实施

针对"任务布置"中的经济业务，相关处理程序如下：

步骤一：资产购置管理工作流程

村"两委"会研究提出方案→村务监督委员会审核→村民会议或村民代表会议讨论通过→报乡镇（街道）管理监督委员会批准→按集中采购或公开招投标程序进行→村级工程项目建设监管、验收。

步骤二：系统录入

（1）填写要素：选择购置资产，并填写预申请金额、预申请数量、事项说明。

（2）附件要求：购置项目方案、审议结果证明等。

步骤三：审批跟踪

提交后的申请会根据此区域当前配置的审批流程进行审批任务的分配。申请金额不同，审批环节不同。

育德润心

"三资"新章——资产购置规范之旅

某地区为规范农村集体"三资"管理，探索形成了"五统一审四监督"工作法。在资产购置方面，村集体须提出详细购置计划，包括资产种类、数量、预算、用途等，说明购置的必要性和可行性。购置计划先由镇（园区）"三资"办初审，再报区"三资"办复审，同时须经过村民代表大会等民主决策程序。购置完成后，纳入区审计局常态化审计监督，确保资产购置合规、合理且达到预期效益。

资料来源：根据农业农村部办公厅发布的《全国农村财务管理规范化典型案例》整理。

德育要素：

（1）规则意识和合规意识：资产购置的全过程都严格遵循既定的规则和流程，体现了规则意识和合规意识的重要性。

（2）诚信意识：资产购置的申请和审批过程真实、透明，如实填写购置计划，不虚报、不瞒报，体现了诚信的重要性。

职业点拨：

（1）建立全流程规范管理：设置从资产购置的事前申请、审批，到事中民主决策，再到事后监督的一套完整的闭环管理体系，能有效避免资产购置过程中的随意性和盲目性。

（2）完善审核制度：设置多层级审核机制，结合村民代表大会的民主决策，既能确保购置计划的合规性，又能尊重村民意愿，保障集体利益。

任务二　资产登记

任务布置

2025年4月，某村购买的办公用立式空调到货并验收合格，资产管理员需要对这两台空调进行资产登记。

思考：

（1）如何确定资产类型、入账价值、使用年限等会计计价信息？

（2）需要提供哪些资产登记的附件资料？

知识点拨

一、生物资产

（一）认识生物资产

1.生物资产的概念及特点

生物资产是指农村集体经济组织在农业生产过程中持有的有生命的动植物资产。生物资产具有自然生长、繁殖和转化的能力，其价值随生长、繁殖和市场价格波动而变化，且通常与农业生产周期相关。

知识精讲5-2

资产登记

2.生物资产的分类

生物资产主要分为以下三类：

（1）消耗性生物资产，指为出售或加工为农产品而持有的生物资产，如生长中的大田作物、蔬菜、用材林以及存栏待售的牲畜、鱼虾贝类等。其中，用材林是指以生产木材为主要目的的森林和林木，包括以生产竹材为主要目的的竹林。其特点是要经过培育、长成、处置等阶段，收获农产品后该资产不复存在，主要用于一次性收获并出售。

（2）生产性生物资产，指为生产农产品、提供劳务或出租而持有的生物资产，如经济林（主要产品包括果品、油料作物、工业原料等）、薪炭林（主要产品为燃料，如柴火和木炭）、产畜和役畜等。其特点是能够在生产经营中长期、反复使用，不断产出农产品或提供劳务，具有固定资产的特性。

（3）公益性生物资产，指以防护、环境保护为主要目的的生物资产，如防风固沙林、水土保持林和水源涵养林等。其特点是不以营利为目的，而是为了防风固沙、水土保持、水源涵养等公益事业而持有的。

（二）计价原则

农村集体经济组织应当按照历史成本、重置成本、可变现净值和现值等不同的计量属性，对生物资产进行初始计量。同时，生物资产通常按照成本进行初始计量，且一般采用历史成本计量。

1.消耗性生物资产

对于自行栽培、营造、繁殖或养殖的消耗性生物资产，其成本包括在出售或入库前耗用的种子、饲料、肥料、农药、材料费、人工费和应分摊的间接费用等必要支出。

2.生产性生物资产

自行营造或繁殖的生产性生物资产的成本，包括达到预定生产经营目的（即进入正常生产期，可以多年连续稳定产出农产品、提供劳务或出租）前发生的造林费、抚育费、营林设施费、良种试验费、调查设计费和应分摊的间接费用等必要支出。

对达到预定生产经营目的的生产性生物资产，农村集体经济组织应当按其原价（成本）扣除预计净残值后的金额，在生产性生物资产使用寿命内按照年限平均法或工作量法等计提折旧。

3.公益性生物资产

自行营造的公益性生物资产的成本，包括郁闭前发生的造林费、抚育费、森林保护费、营林设施费、良种试验费、调查设计费和应分摊的间接费用等必要支出。

4.特殊情况的计价

（1）收到政府补助或他人捐赠的生物资产。应当按照有关凭据注明的金额加上相关税费、运输费等计价。没有相关凭据的，按照资产评估价值或者比照同类或类似生物资产的市场价格，加上相关税费、运输费等计价。无法采用上述方法计价的，应当按照名义金额计价，相关税费、运输费等计入其他支出，同时在备查簿中登记说明。

（2）生物资产的后续计量。农村集体经济组织应当对所有达到预定生产经营目的的生产性生物资产计提折旧，但以名义金额计价的生产性生物资产除外。折旧方法、使用寿命、预计净残值一经确定，不得随意变更。如需变更，应经相关程序批准，并在会计报表附注中予以说明。

（三）账务处理

1.消耗性生物资产的账务处理

消耗性生物资产的账务处理见表5-1。

表5-1   消耗性生物资产的账务处理

涉及业务	会计分录
购入消耗性生物资产	借：消耗性生物资产——×× 贷：库存现金/银行存款/应付款
自行栽培或繁殖的消耗性生物资产	借：消耗性生物资产——×× 贷：库存现金/银行存款/库存物资/应付工资/应付劳务费
消耗性生物资产转为生产性生物资产	借：生产性生物资产——×× 贷：消耗性生物资产——××

消耗性生物资产出售	借：库存现金/银行存款（售价）
	   贷：经营收入
	同时结转成本：
	借：经营支出
	   贷：消耗性生物资产——××

2.生产性生物资产的账务处理

生产性生物资产的账务处理见表5-2。

表5-2　　　　　　　　　　　　**生产性生物资产的账务处理**

涉及业务	会计分录
购入生产性生物资产	借：生产性生物资产——×× 　　贷：库存现金/银行存款/应付款
自行栽培或繁殖的生产性生物资产	借：生产性生物资产——未成熟——×× 　　贷：库存现金/银行存款/库存物资/应付工资/应付劳务费
生产性生物资产达到预定生产经营目的	借：生产性生物资产——成熟——×× 　　贷：生产性生物资产——未成熟——××
生产性生物资产计提折旧	借：经营支出/生产（劳务）成本 　　贷：生产性生物资产累计折旧
生产性生物资产淘汰转为消耗性生物资产	借：消耗性生物资产——×× 　　　生产性生物资产累计折旧 　　贷：生产性生物资产——××

特别提示5-1

消耗性生物资产应取其账面价值。

3.公益性生物资产的账务处理

公益性生物资产的账务处理见表5-3。

表5-3　　　　　　　　　　　　**公益性生物资产的账务处理**

涉及业务	会计分录
购入公益性生物资产	借：公益性生物资产——×× 　　贷：库存现金/银行存款/应付款
自行营造的公益性生物资产	借：公益性生物资产——×× 　　贷：库存现金/银行存款/库存物资/应付工资/应付劳务费
公益性生物资产后续支出（如补植、管护）	借：公益性生物资产（补植等支出）/管理费用（管护费用） 　　贷：库存现金/银行存款

特别提示5-2

补植支出记入"公益性生物资产"，管护费用记入"管理费用"。

4.生物资产其他业务的账务处理

生物资产其他业务的账务处理见表5-4。

表5-4 生物资产其他业务的账务处理

涉及业务	会计分录
计提生物资产减值或跌价准备	借：资产减值损失 　　贷：消耗性生物资产跌价准备/生产性生物资产减值准备
生物资产的捐赠或政府补助	借：消耗性生物资产/生产性生物资产/公益性生物资产 　　贷：公积公益金

二、存货资产

(一)认识存货资产

1.存货资产的概念及特点

存货资产是指农村集体经济组织在日常生产经营过程中持有以备出售，或者仍然处在生产过程，或者在生产或提供劳务过程中将消耗的材料或物料等。它是农村集体经济组织流动资产的重要组成部分，也是生产经营活动必不可少的物资保障。

农村集体经济组织中的存货资产具有流动性强、品种多样、易受市场因素影响和易毁损、变质等特点。为了加强存货管理，农村集体经济组织应根据生产经营活动的需要对存货进行分类，并建立健全存货管理制度，确保存货资产的安全完整和有效利用。

2.存货资产的分类

存货资产按其经济用途和特性，通常可以分为以下几类：

（1）原材料：指农村集体经济组织为生产经营以备耗用的存货，包括库存的各种原材料及主要材料、农用材料等物资，如种子、化肥、农药等。

（2）产成品：指已经全部加工完成、可以对外销售的制成品存货，如农产品、工业产成品等。

（3）商品：指购入的无须经过加工即可直接对外出售或委托其他单位代销的物品。

（4）低值易耗品：指单位价值在规定限额以下，或使用年限在一年以内的用具物品，如工具、管理用具、玻璃器皿等。这些物品虽然价值不高，但在生产经营过程中经常使用，需要妥善管理。

（5）包装物：指为了包装农村集体经济组织商品而储备的各种包装容器，如桶、箱、袋、瓶、坛等。这些包装物可能随同商品出售，也可能单独计价出售或出租、出借给购买单位使用。

(二)计价原则及方法

1.购入物资的计价原则

购入的物资按照买价加运输费、装卸费等费用、运输途中的合理损耗以及相关税金等计价。这意味着，除了货物的直接购买成本外，还需要考虑与之相关的其他费用，以确保存货资产的完整价值得到准确反映。

2.生产入库农产品的计价原则

生产入库的农产品和工业产成品，按生产过程中发生的实际支出计价。其包括种子、化肥、农药等生产资料的投入，以及劳动力成本、管理费用等其他相关支出。这种计价原则能够真实反映农产品的生产成本，为后续的定价和销售提供准确依据。

3.领用或出售存货的计价方法

领用或出售的出库存货，可以在"先进先出法""加权平均法""个别计价法"等方法中任选一种进行核算，但一经选定，不得随意变动。这些计价方法的选择取决于存货的特点和企业的实际需求，以确保存货的发出成本和期末存货成本得到准确计算。

（1）先进先出法：假设先购入的存货先发出，按照存货购入的先后顺序确定发出存货和期末存货的实际成本。

（2）加权平均法：以期初存货数量和本期入库存货数量之和为权数，计算存货的平均单价，从而确定发出存货和期末存货的实际成本。

（3）个别计价法：对每一批存货或每一件存货分别确定其成本，并按照其实际成本进行核算。

4.存货盘点与清查

农村集体经济组织应定期对存货进行盘点和清查，以确保账实相符。年度终了前必须进行一次全面的盘点清查。对于盘盈的存货，按同类或类似存货的市场价格计入其他收入；对于盘亏、毁损和报废的存货，按规定程序批准后，按实际成本扣除应由责任人或者保险公司赔偿的金额和残料价值后的余额，计入其他支出。

（三）账务处理

存货资产的账务处理见表5-5。

表5-5　　　　　　　　　　　存货资产的账务处理

涉及业务	会计分录
购入、接受捐赠或政府补助的物资验收入库时	借：库存物资——×× 　贷：银行存款/库存现金（货款已付） 　　　应付款/内部往来（货款未付，对方是外单位或本村农户） 　　　公积公益金（接受捐赠或收到政府补助） 　　　应交税费
农产品收获、生产完工的工业产成品入库时	借：库存物资——×× 　贷：消耗性生物资产/生产（劳务）成本
领用库存物资时	借：生产（劳务）成本/在建工程/管理费用（领用物资的实际成本） 　贷：库存物资——××

续表

涉及业务	会计分录
销售库存物资时	（1）按照实现的销售收入： 借：库存现金/银行存款/应收款 　贷：经营收入 （2）按照销售物资的实际成本： 借：经营支出 　贷：库存物资——××
期末清查盘点，发现盘盈、盘亏、毁损、报废时	（1）盘盈时： 借：库存物资——××（盘盈存货的价值） 　贷：待处理财产损溢——待处理流动资产损溢 （2）批准后： 借：待处理财产损溢——待处理流动资产损溢 　贷：其他收入——盘盈收入 （3）盘亏、毁损、报废时： 借：待处理财产损溢——待处理流动资产损溢 　贷：库存物资——××（盘亏存货的价值） （4）批准后： 借：应付工资（责任人赔偿部分） 　　其他支出（剩余部分） 　贷：待处理财产损溢——待处理流动资产损溢

三、无形资产

（一）认识无形资产

1.无形资产的概念

农业技术是农业发展的第一推动力，大力推进农业机械化、智能化，给农业现代化插上科技的翅膀，是农村经济快速持续发展的关键。因此，农业科技在农村发展中的位置更加突出，使得无形资产在农村集体经济资产中所占比重不断增加。加强对农村集体无形资产的管理与核算就越发重要了。无形资产是指农村集体经济组织拥有或者控制的没有实物形态的可辨认非货币性资产。农村集体经济组织的无形资产包括：专利权、非专利技术、商标权、著作权、特许权、土地使用权等。

2.无形资产的特征

无形资产的特征主要体现在以下方面：

（1）无形资产不具有实物形态。无形资产看不见、摸不着，通过自身所具有的技术等优势为农村集体经济组织带来未来经济利益，无形资产通常表现为某种权利、某项技术或是某种获取超额利润的综合能力。不具有实物形态是无形资产有别于其他资产的特征之一，也是确认无形资产的基本依据。

（2）无形资产具有可辨认性。无形资产必须能够单独辨认，能够区别于其他资产，符合下列条件之一的，则认为该项资产具有可辨认性：一是能够从农村集体经济组织中分离或者划分出来，并能单独或者与相关合同、资产或负债一起，用于出售、转让、授予许可、租赁或者交换；二是源自合同性权利或其他法定权利，无论这些权利是否可以从农村集体经济组织或其他权利或义务中转移或者分离。

（3）无形资产属于非货币性资产。非货币性资产，是指农村集体经济组织持有的货币资金和将以固定或可确定的金额收取的资产以外的其他资产。无形资产的使用年限在一年以上，属于非货币性长期资产，由于其能够在多个会计期间为农村集体经济组织带来经济利益，无形资产的价值也应在受益期内进行摊销。

（4）无形资产创造的未来经济利益具有不确定性。作为资产，无形资产是能够为农村集体经济组织带来经济利益的，但是由于无形资产没有发达的交易市场，一般不容易转化为现金，且其所能创造的经济利益还受外部因素影响，如新技术更新换代的速度等，所以无形资产在持有过程中为农村集体经济组织带来的未来经济利益情况不确定，不属于以固定或可确定的金额收取的资产。

（二）入账价值

农村集体经济组织应当根据具体情况确定无形资产的入账价值。

（1）外购的无形资产。农村集体经济组织应按取得时实际支付的价款及相关税费作为入账价值。

（2）自行研发的无形资产。农村集体经济组织自行研究开发无形资产，应当严格区分研究阶段和开发阶段。研究阶段发生的支出应当费用化，计入当期损益；开发阶段发生的支出，符合资本化条件的，计入无形资产成本，不符合资本化条件的，计入当期损益。自行研发无形资产的初始入账价值为开发中形成的无形资产，其成本由可直接归属于该资产的创造、生产并使该资产能够以管理层预定的方式运作的所有必要支出组成，包括开发该资产时耗费的材料、劳务成本、注册费、使用其他专利权和特许权的摊销、按规定的资本化利息支出以及为使该资产达到预定用途而发生的其他费用。自行开发并按法律程序申请取得的无形资产，按取得时发生的注册费、律师费、资本化费用等，作为无形资产的实际成本。

（3）投资者投入的无形资产。农村集体经济组织取得投资者投入的无形资产应按照合同或协议约定的投资各方确认的价值作为入账成本，但投资合同或协议约定价值不公允的情况下，按无形资产的公允价值入账。

（4）接受捐赠的无形资产。捐赠方提供了发票等凭据的，应按发票等凭据所列金额加上应支付的相关税费计价；无凭据的，按其市价或同类、类似无形资产的市价加上应支付的相关税费计价。

（5）债务重组方式取得的无形资产。农村集体经济组织接受的债务人以非现金资产抵偿债务方式取得的无形资产，应当以公允价值和应支付的相关税费作为换入无形资产的入账价值，公允价值与换出资产账面价值的差额计入当期损益。

（6）非货币性资产交换取得的无形资产。农村集体经济组织以非货币性资产交换取得的无形资产应区分两种情况确定实际成本。一是同时满足以下两个条件的：①该项交易具有商业实质；②换入资产或换出资产的公允价值能够可靠地计量。这种情况下，应当以换出资产的公允价值和应支付的相关税费加上支付的补价或减去收到的补价作为实际成本入账；如果有证据表明换入资产的公允价值更加可靠，则应以换入资产的公允价值作为换入资产成本的基础。换出资产账面价值与其公允价值之间的差额，计入当期损益。二是未同时满足上述两个条件的，应当以换出资产的账面价值和应支付的相关税费（并加上支付的补价，或减去收到的补价）作为取得无形资产的实际成本。

（三）摊销

无形资产是可辨认的非货币性长期资产，能给农村集体经济组织带来较长时期的经济效益。通常无形资产也有一定的有效期限，在这个期限内，无形资产的价值会发生转移，为此需要对不同性质的无形资产采用不同的方法进行摊销。

（1）使用寿命有限的无形资产，其应摊销金额应当在使用寿命内系统合理摊销。

（2）使用寿命不确定的无形资产不应摊销。

资产管理员应当在每个会计期间对使用寿命不确定的无形资产的使用寿命进行复核。如果有证据表明无形资产的使用寿命是有限的，应当估计其使用寿命，并按会计准则的规定处理。

无形资产的摊销方法有直线法和生产总量法。无形资产摊销方法，应当反映与该项无形资产有关的经济利益的预期实现方式。无法可靠确定预期实现方式的，应当采用直线摊销法。

（四）管理原则

农村集体经济组织为保证农村集体经济利益，加强无形资产的管理，必须坚持"三个基本管理原则"：一是民主管理的原则；二是公平、公开的原则；三是依法监督的原则。

（五）账务处理

无形资产的账务处理见表5-6。

表5-6　　　　　　　　　　　　无形资产的账务处理

涉及业务	会计分录
购入无形资产时 【注释】按实际支付的价款及相关税费入账	借：无形资产——×× 　贷：银行存款/库存现金/应付款
自行开发并按法律程序申请取得	借：无形资产——×× 　贷：银行存款/库存现金
接受捐赠或政府补助时 【注释】按相关凭据金额或评估价值入账	借：无形资产——×× 　贷：公积公益金
按月对无形资产进行摊销	借：管理费用（非生产经营类无形资产摊销） 　　生产（劳务）成本（生产经营类无形资产摊销） 　贷：累计摊销
处置无形资产时 【注释】按实际收到的价款扣除账面价值及相关税费后的净额处理	借：银行存款/库存现金（实际收到的价款） 　　累计摊销 　　无形资产减值准备（如有） 　　其他支出（净损失） 　贷：无形资产 　　应交税费——应交增值税（销项税额） 　　其他收入（净收益）

四、固定资产

（一）管理职责

农村集体经济组织应当按照有关法律、法规、政策以及组织章程建立健全固定资产的内控制度、清查制度、规范资产核算及处置程序，加强固定资产购建、使用、处置管理，落实经营管理责任，依法合规计提折旧，加强农村集体固定资产的管理，严防固定资产流失。农村集体经济组织应当确定专人负责固定资产实物管理工作，履行下列主要职责：

（1）强化固定资产的日常管理工作，保证安全完整，并定期与会计核对，保证实物与账目相符。

（2）及时办理新增固定资产的验收和登记工作。

（3）申报闲置和待报废的固定资产。

（4）做好调出、报废固定资产的登记工作。

（5）负责整理和保管固定资产档案。

（6）固定资产管理人员工作变动时，认真做好实物、账目的清点移交工作。

（二）固定资产登记变动工作流程

固定资产登记变动工作流程如图5-3所示。

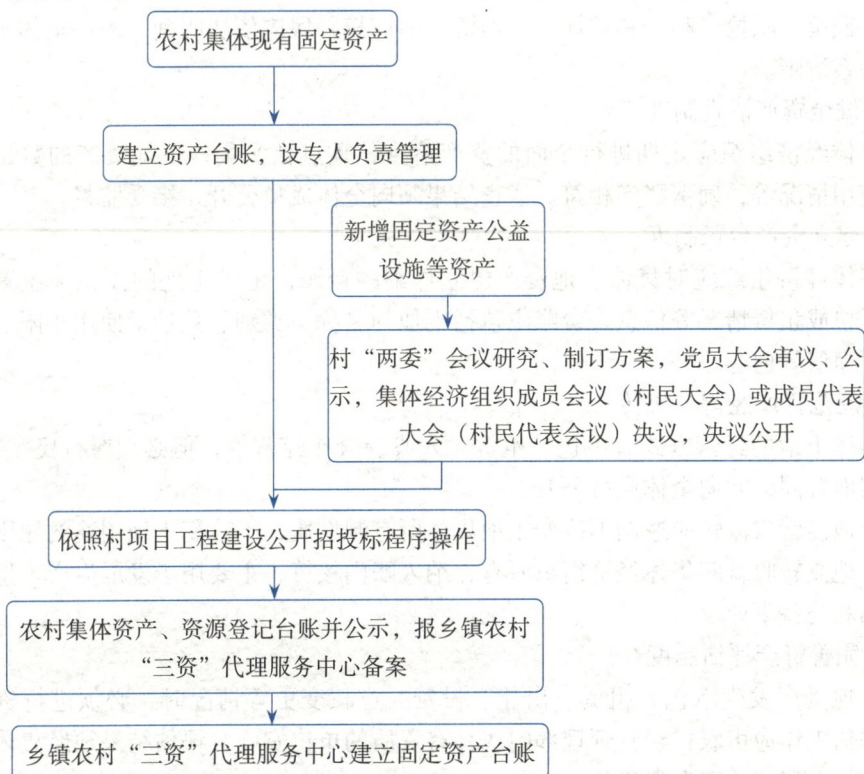

农村集体现有固定资产

建立资产台账，设专人负责管理

新增固定资产公益设施等资产

村"两委"会议研究、制订方案，党员大会审议、公示，集体经济组织成员会议（村民大会）或成员代表大会（村民代表会议）决议，决议公开

依照村项目工程建设公开招投标程序操作

农村集体资产、资源登记台账并公示，报乡镇农村"三资"代理服务中心备案

乡镇农村"三资"代理服务中心建立固定资产台账

图5-3 固定资产登记（增加）变动工作流程图

五、集体土地资产

（一）认识集体土地资产

1.集体土地资产的概念

农村集体经济组织的集体土地资产是指由集体所有并由农村集体经济组织管理和使用的土地资源。

2.集体土地资产的特点

集体土地资产是农村集体经济组织的重要基础，具有以下特点：

（1）所有权属于集体：土地所有权属于农村集体经济组织的全体成员，是集体成员共同拥有的资产。

（2）不可分割性：集体土地资产具有不可分割性，不能分配到个人或农户，必须由集体统一管理和使用。

（3）功能性：集体土地资产不仅用于农业生产，还可用于公益事业、基础设施建设等。

（二）管理要求

1.明确产权归属

集体土地资产属于农村集体经济组织全体成员所有，任何组织和个人不得侵占、挪用、截留、哄抢、私分和破坏。土地资产的产权归属应依法明确，确保集体土地的权属关系清晰。

2.健全资产清查制度

集体经济组织应定期进行全面的资产清查，重点核实集体土地资产的数量、用途、使用情况等，确保账实相符。清查结果须向全体成员公开，接受监督。

3.建立资产台账制度

集体经济组织应对集体土地资产建立详细的台账，记录土地的面积、位置、用途、承包或租赁情况等信息。台账应包括土地的名称、类别、数量、使用年限、原始价值、净值等内容。

4.规范资产经营与流转

集体土地的经营方式有承包、租赁、入股、合作经营等，但必须履行民主程序，签订书面合同，并向全体成员公开。

土地经营权流转应遵循不改变土地集体所有制性质、不改变土地用途的原则。

土地流转收益归集体经济组织所有，纳入账内核算，主要用于发展生产、增加集体积累和公益事业。

5.完善资产评估制度

土地资产发生承包、租赁、出让、投资、产权变更等情况时，必须进行资产评估。评估工作应由农村经营管理部门或具有资质的单位实施，评估结果须经集体经济组织成员会议或代表会议确认。

6.强化财务管理与监督

集体经济组织应建立健全财务预决算、开支审批、收益分配等制度，严格规范财

知识拓展5-2

农村集体资产的生态价值评估与可持续发展

务行为。土地资产的收益应纳入账内核算，实行专户存储、专款专用，不得用于非生产性开支。集体经济组织应定期对集体土地资产的使用、维护和收益情况进行检查，确保资产的安全和保值增值。

7.推进民主管理和监督

集体土地资产的管理应接受全体成员的监督，重大事项须经成员大会或代表会议讨论通过。集体经济组织应定期公开土地资产的经营情况、收益分配等信息，接受群众监督。

六、系统流程解析

（一）登记生物资产

步骤一：点击生物资产界面右上角"新增"按钮，进入生物资产新增界面，如图5-4所示。

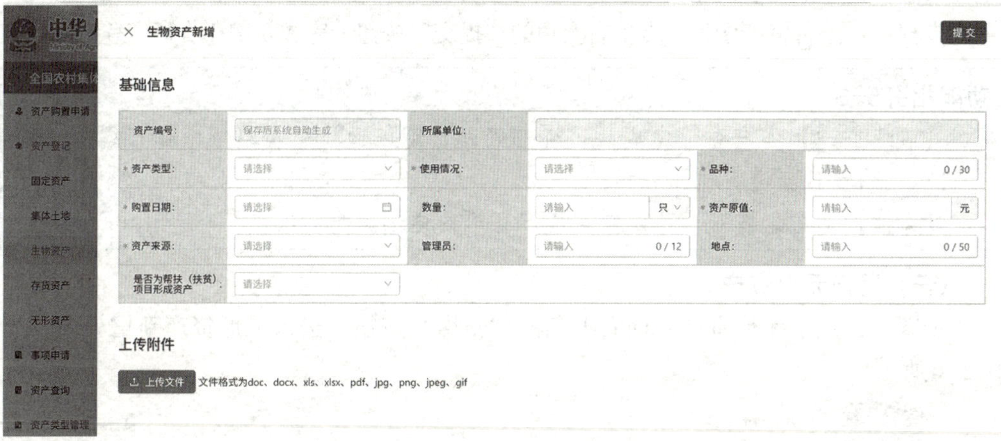

图5-4　生物资产新增界面

步骤二：填写资产信息，包括资产类型、使用情况、品种、购置日期、数量、资产原值、资产来源、管理员、地点等，带"*"为必填。

步骤三：上传相关资产附件，点击右上角的"提交"按钮，完成新增生物资产登记操作。

> **功能指引5-2**
>
> 【后续查询】资产登记完成后，资产管理员可以通过所属单位、资产编号、使用情况、购置日期进行快速查找。
>
> 【详情】点击此按钮，可以查看资产登记的详细信息。

（二）登记存货资产

步骤一：点击存货资产界面右上角"新增"按钮，进入存货资产新增界面，如图5-5所示。

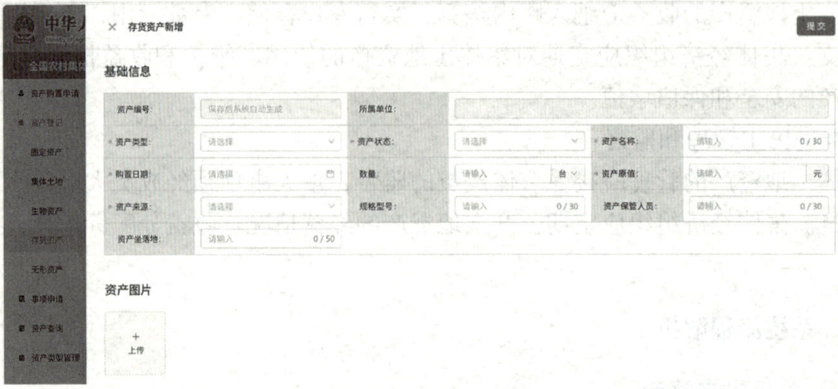

图5-5　存货资产新增界面

步骤二：填写资产信息，包括资产类型、资产状态、资产名称、购置日期、数量、资产原值、资产来源、规格型号、资产保管人员、资产坐落地等，带"*"为必填。

步骤三：上传资产图片，点击右上角的"提交"按钮，完成新增存货资产登记操作。

功能指引5-3

【后续查询】资产登记完成后，资产管理员可以通过所属单位、资产编号、资产状态、购置日期进行快速查找。

【详情】点击此按钮，可以查看资产登记的详细信息。

（三）登记无形资产

步骤一：点击无形资产界面右上角的"新增"按钮，进入无形资产新增界面，如图5-6所示。

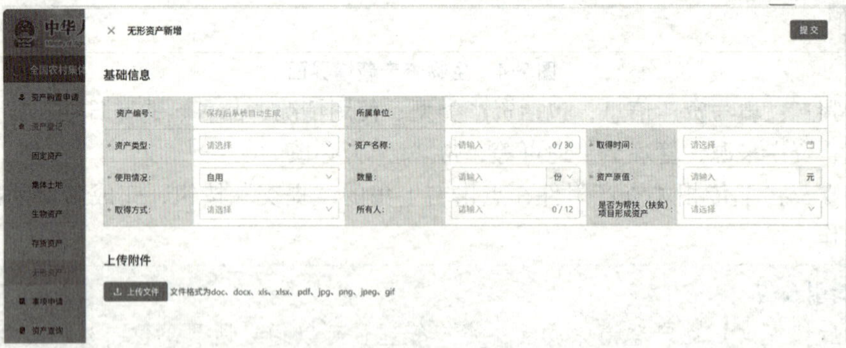

图5-6　无形资产新增界面

步骤二：填写资产信息，包括资产类型、资产名称、取得时间、使用情况、数量、资产原值、取得方式、所有人等，带"*"为必填。

步骤三：上传相关资产附件，点击右上角的"提交"按钮，完成新增无形资产登记操作。

功能指引5-4

【后续查询】资产登记完成后，资产管理员可以通过所属单位、资产编号、权益类型、取得时间进行快速查找。

【详情】点击此按钮，可以查看资产登记的详细信息。

（四）登记固定资产

步骤一：点击固定资产界面右上角的"新增"按钮，进入固定资产新增界面，如图5-7所示。

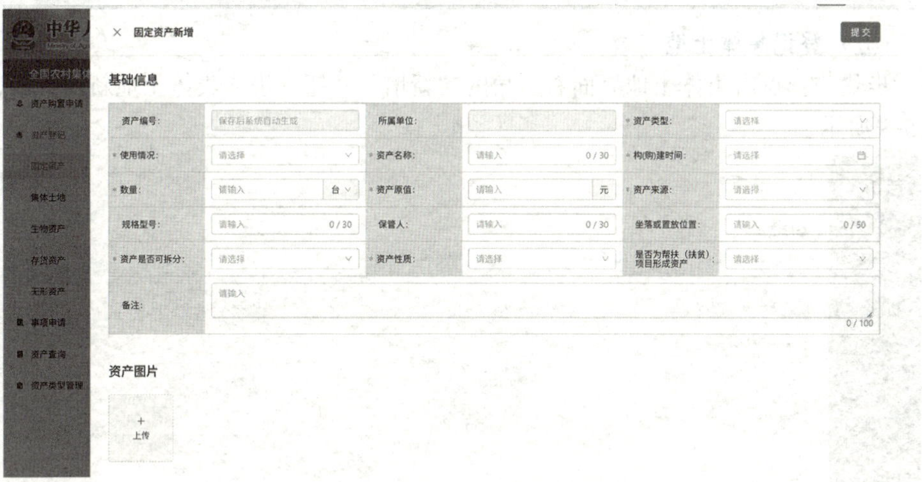

图5-7　固定资产新增界面

步骤二：填写资产信息，包括资产类型、使用情况、资产名称、购（构）建时间、数量、资产原值、资产来源、规格型号、保管人、坐落或置放位置、资产是否可拆分、资产性质等，带"*"为必填。

步骤三：上传资产图片，点击右上角的"提交"按钮，完成新增固定资产登记操作。

功能指引5-5

【后续查询】资产登记完成后，资产管理员可以通过数据来源、资产编号、使用情况、构（购）建时间进行快速查找，如图5-8所示。

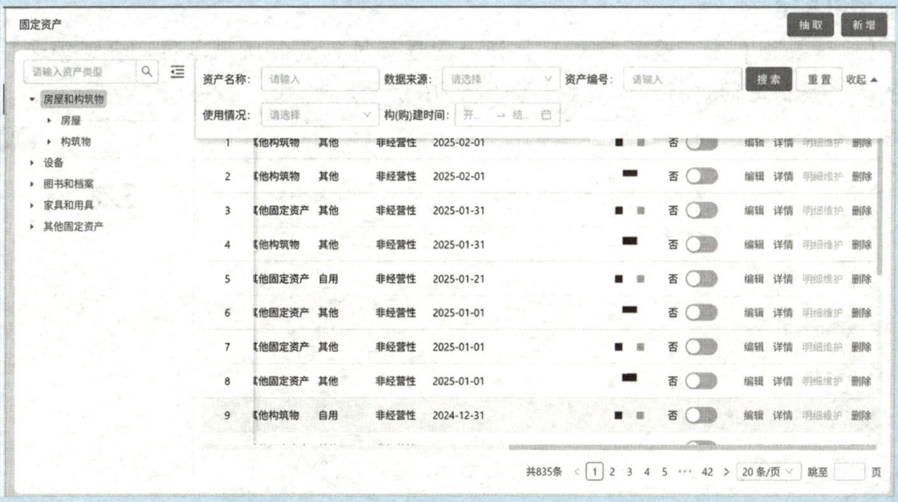

图5-8　固定资产查询界面

【资产是否可拆分】在已增资产界面中，点击此按钮，对资产进行拆分。

【详情】点击此按钮，可以查看资产登记的详细信息。

【明细维护】点击此按钮，可以将资产拆分成若干明细，对其进行明细登记。首先点击对应的资产的"明细维护"，然后点击右上角新增按钮，依次录入资产名称、建筑面积、资产状态等信息点击确定即可。

（五）登记集体土地

步骤一：点击集体土地界面右上角的"新增"按钮，进入集体土地新增界面，如图5-9所示。

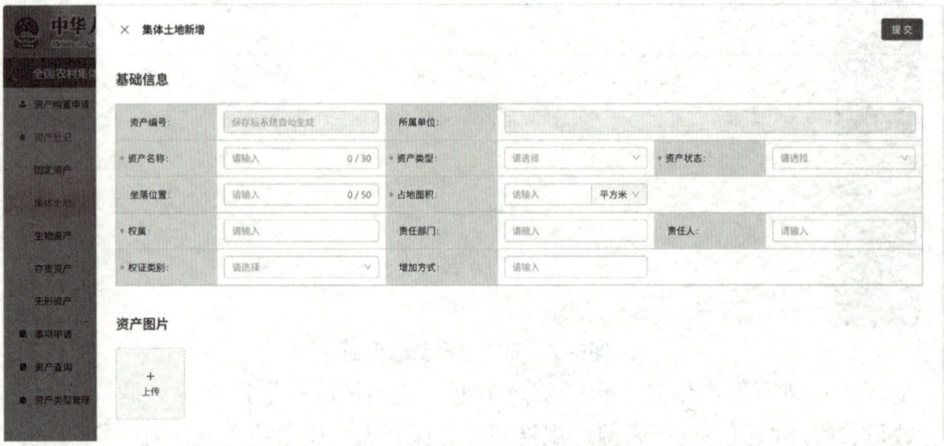

图5-9　集体土地新增界面

步骤二：依次填写资产信息，包括资产名称、资产类型、资产状态、坐落位置、占地面积、权属、责任部门、责任人、权证类别、增加方式等，带"*"为必填。

步骤三：上传资产图片，点击右上角的"提交"按钮，完成新增集体土地登记操作。

功能指引5-6

【后续查询】资产登记完成后，资产管理员可以通过所属单位、资产编号、资产状态、登记时间进行快速查找，如图5-10所示。

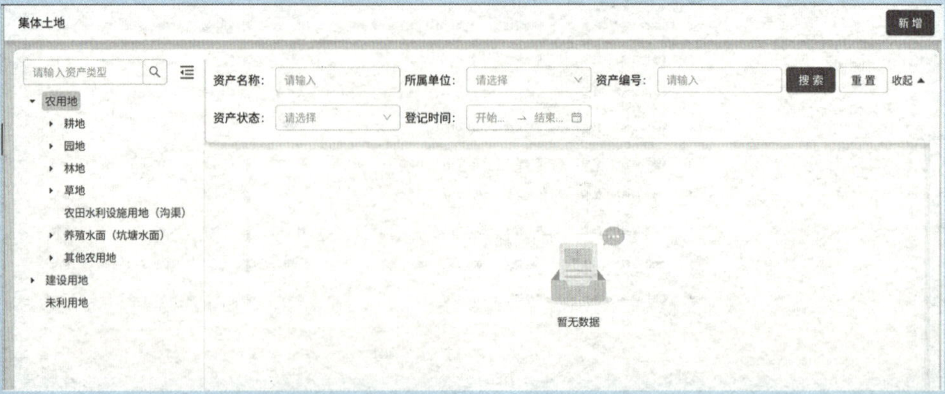

图5-10　集体土地查询界面

【详情】点击此按钮，可以查看资产登记的详细信息。

【附着物维护】点击此按钮，可以将土地附着物进行明细登记。点击对应资产的"附着物维护"，进入明细维护，如图5-11所示。点击右上角"新增"按钮，依次录入附着物名称、数量、计量单位、价格、权属信息，最后点击"确定"按钮即可，如图5-12所示。

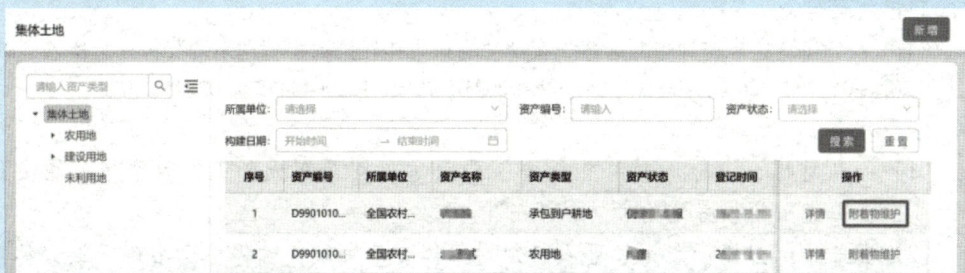

图5-11　集体土地附着物维护界面

图5-12　集体土地新增明细界面

任务实施

针对"任务布置"中的经济业务，相关处理程序如下：

步骤一：收集相关资料

（1）验收资料：确认空调到货并验收合格后，收集验收报告等相关资料。

（2）发票及合同：准备好购买空调的发票，和经相关部门备案的合同。

步骤二：系统录入

（1）资产类型：根据购入资产信息合理确定资产类型，属于生物资产、存货、无形资产、固定资产还是集体土地。

（2）信息录入：填写资产信息，包括资产类型、资产状态、资产名称、购置日期、数量、资产原值、资产来源、规格型号、资产保管人员、资产坐落地等。

步骤三：提交审核

（1）提交申请：完成信息填写和附件上传后，提交资产登记申请。

（2）部门审核：由村集体的上级管理部门或相关负责人对登记信息进行审核。

育德润心

农村集体资产登记的"智慧新篇"

某区通过"农村集体经济数字管理系统"，对全区274个村社的集体资产进行全面清查核实，明确资产的所有权、数量、价值、存放地点等详细信息，并将这些信息录入系统，资产的每一次变动都会在系统中实时更新，确保资产信息的准确性，实现资产登记的数字化。

资料来源：王珏，陈张坤. 北仑率先实现"农村集体经济数字管理系统"村社全覆盖［EB/OL］.［2021-05-10］. https://www.bl.gov.cn/art/2021/5/10/art_1229044479_59028456.html.

德育要素：

（1）创新意识：某区的数字化管理实践展示了创新在提升工作效率中的重要作用，鼓励在工作中积极寻求创新方法。

（2）责任意识：资产登记管理人员须对集体资产负责，确保信息准确无误，体现了对集体利益的责任感。

职业点拨：

（1）数字化技能：使用数字化工具进行资产登记和管理，是现代财务管理人员的重要技能。

（2）动态管理与实时更新：实现资产运行动态管理，使资产的每一次变动都在系统中实时更新，确保资产信息的准确性。

任务三　资产其他事项申请

任务布置

2025年5月，某村集体需要对办公楼漏水墙体进行修缮，同时需要报废2台老旧空调。资产管理员需要完成资产修缮、报废申请工作。

思考：

（1）如何确定资产修缮、报废的必要性和预算的合理性？

（2）系统需要上传哪些必要的证明材料？

（3）如何进行过程监管？审批环节有哪些？

知识点拨

知识精讲5-3

资产其他事项申请

一、资产租赁

（一）管理工作流程

1.资产评估与价值确认

农村集体资产租赁前，须委托具有合法资质的评估机构进行价值评估。评估结果需要经社员代表大会确认，并向全体社员公布，同时报乡镇街道备案。

2.租赁程序

（1）交易申请：村集体召开相关会议研究决定出租意向，形成书面会议记录，并填写申请表，经乡镇相关部门审核后报分管领导审批。

（2）民主决策：租赁方案需要履行"五议两公开"程序，经社员代表大会或村民代表会议讨论通过。

（3）信息发布：租赁信息需要在村务公开栏或公共资源交易中心网站发布，确保公开透明。

（4）组织交易：可采用公开协商、拍卖、竞价或招标等方式进行交易。交易须接受乡镇纪委等部门的监督。

（5）结果公示：交易结果需要在村务公开栏公示，公示期不少于7日。

（6）合同签订与备案：交易完成后，双方须签订规范的书面合同，合同签订后须在规定时间内报乡镇备案。

3.合同管理

（1）合同内容：合同须明确租赁物的名称、数量、用途、期限、租金及支付方式、违约责任等条款，避免纠纷。

（2）合同期限：资产类出租合同期限一般不超过5年，资源类发包合同期限一般不超过15年，最长不超过20年。

（3）租金缴纳：租金缴纳实行"先交后用"原则，一次性缴纳困难的，可预交半年租金。

（4）合同变更与解除：合同变更或解除须履行民主决策程序，并报乡镇备案。

4.监督管理

（1）台账与档案管理：租赁合同须纳入台账管理，并及时归档，做到一份合同一份档案。

（2）监督检查：乡镇需要定期检查合同履行情况，确保合同执行到位。

（3）责任追究：对未履行民主决策程序或未备案的行为，乡镇须督促纠正；对违纪违法情形，移交相关部门处理。

5.收益管理

租赁收入归集体经济组织所有，纳入账内核算，并定期向全体成员公开。

以上管理办法的制定与实施，旨在通过科学、规范的流程和严格的监管机制，全面规范农村集体经济组织的资产租赁行为。这一举措不仅有助于优化资产配置，提高资产使用效率，还能有效防止资产流失和浪费，确保集体资产在租赁过程中实现保值增值。同时，民主决策、信息公开和监督问责等制度安排，充分保障了集体经济组织成员的知情权、参与权和监督权，维护了全体成员的合法权益，促进了农村集体经济的健康、可持续发展，为乡村振兴战略的实施奠定了坚实的经济基础。

（二）账务处理

资产租赁的账务处理见表5-7。

表5-7 资产租赁的账务处理

涉及业务	会计分录
租赁收入的确认 【注释】（1）一次收取多期租金的，应将收款金额分摊至各个受益期，分期确认收入。 （2）根据租赁资产的性质和用途，租赁收入可分别记入以下会计科目： ·经营收入——出租收入：用于核算村集体开展各项生产、服务等经营活动取得的收入。 ·经营收入——发包收入：用于核算农户和其他单位因承包集体耕地、林地、果园、鱼塘等上交的承包金。 ·其他收入：用于核算除经营收入和发包及上交收入以外的租赁收入	（1）收到租金时： 借：银行存款/库存现金 　　贷：应付款（如果是一次性收取多期租金） （2）每期确认收入时： 借：应付款 　　贷：经营收入——出租收入/发包收入 　　　　其他收入
租赁资产的折旧或摊销 【注释】出租的固定资产或无形资产，需要按照规定计提折旧或摊销，并计入相关成本	借：经营支出 　　贷：累计折旧/累计摊销
租赁合同的终止或变更 【注释】如果租赁合同提前终止或变更，涉及的租金退还或补偿等事项应根据实际情况进行账务处理	退还租金时： 借：经营收入（红字冲销） 　　贷：银行存款/库存现金 收到补偿款时： 借：银行存款/库存现金 　　贷：其他收入

二、资产修缮

（一）管理工作流程

1.基本原则

（1）保障安全：农村集体经济组织应确保农村集体经济组织资产的安全和完整，防止因修缮不及时或不当而造成的损失。

（2）合理使用：在修缮过程中，农村集体经济组织应合理使用资金和资源，确保修缮工作的经济性和效益性。

（3）公开透明：修缮工作的决策、执行和监督过程应当公开透明，接受成员大会或成员代表大会的监督。

2.修缮计划与审批

（1）制订计划：农村集体经济组织应根据资产的实际使用情况和清查结果，制订年度修缮计划，明确修缮项目、预算及资金来源。

（2）民主决策：修缮项目需要经过农村集体经济组织的民主决策程序，如"四议两公开"，确保决策过程公开透明。

（3）审批流程：修缮项目须按金额大小履行相应的审批程序。例如，小额修缮项目可由村"两委"会议决定，较大金额的修缮项目须经社员（代表）大会讨论通过。

3.修缮实施与管理

（1）公开透明：修缮项目应遵循公开、公平、公正的原则，涉及较大金额的修缮工程须通过招投标方式确定施工单位。

（2）合同管理：农村集体经济组织应与施工单位签订书面合同，明确修缮内容、质量标准、工期及付款方式等条款。

（3）资金管理：修缮资金的支付须严格履行财务审批程序，确保专款专用，严禁挪用或挤占修缮资金。

4.监督与审计

（1）日常监督：农村集体经济组织的监督委员会（如村监会）应对修缮项目的实施过程进行监督，确保项目按计划推进。

（2）审计监督：农村集体经济组织应定期对修缮项目进行审计，重点检查资金使用是否合理、项目是否按合同执行等。

5.财务公开与信息公示

（1）定期公示：修缮项目的预算、实施情况及资金使用情况需要定期向全体成员公示，接受群众监督。

（2）公开渠道：农村集体经济组织可通过村务公开栏、村民代表大会等形式进行公示，确保成员的知情权和监督权。

6.资产修缮后的管理

（1）验收与登记：修缮完成后，农村集体经济组织须组织验收并及时更新资产台账，记录修缮后的资产状态。

（2）后续维护：农村集体经济组织应建立健全资产的定期维护制度，确保资产的长期使用效益。

通过上述管理办法，农村集体经济组织能够全面规范资产修缮行为，从前期的调研、规划和民主决策，到中期的实施监督，再到后期的验收与信息公开，形成全流程的闭环管理。这一过程不仅有助于延长资产的使用寿命、提升资产的使用效益，还能有效防止因修缮不当导致的资产损坏或价值流失，确保集体资产的安全和稳定。

（二）账务处理

资产修缮的账务处理见表5-8。

表5-8　　　　　　　　　　　　　　资产修缮的账务处理

涉及业务	会计分录
资产修缮费用的核算 【注释】对固定资产进行修缮时，应根据修缮的性质和用途进行账务处理： （1）生产经营用固定资产的修缮费用，记入"经营支出"。 （2）管理用固定资产的修缮费用，记入"管理费用"。 （3）公益性用途固定资产的修缮费用，记入"公益支出"	借：经营支出/管理费用/公益支出 　　贷：库存现金/银行存款

涉及业务	会计分录
资产改扩建支出的核算 【注释】如果修缮属于改扩建性质，即改变固定资产结构、延长使用年限等，应计入固定资产成本	（1）改扩建时： 借：在建工程 　　累计折旧 　贷：固定资产 （2）完成后： 借：固定资产 　贷：在建工程
特殊情况的处理 【注释】已提足折旧的固定资产改扩建支出，应记入"长期待摊费用"，并按照固定资产预计尚可使用年限采用年限平均法分期摊销。 如果修缮涉及固定资产的报废或处置，应按照固定资产账面价值转入"固定资产清理"科目	借：固定资产清理 　　累计折旧 　贷：固定资产

三、资产抵押

（一）管理工作流程

1.抵押资产范围

农村集体经济组织可以抵押的资产主要包括经营性建设用地使用权、固定资产（如厂房、设备等）以及其他具有经济价值且可依法抵押的资产。

不得抵押的资产包括集体土地所有权、宅基地使用权、自留地、自留山等集体所有土地的使用权（法律另有规定的除外），以及学校、医院等公益设施。

2.抵押程序

（1）资产评估：抵押资产须进行资产评估，评估工作可由具备法定资质的资产评估机构实施，评估结果须经集体经济组织成员大会或成员代表会议确认。

（2）民主决策：抵押事项须履行民主决策程序，经集体经济组织成员大会或成员代表会议讨论通过。

（3）合同签订与登记：抵押合同应明确抵押物的名称、数量、价值、抵押期限等内容，并依法办理抵押登记。

3.抵押用途与资金管理

抵押所获资金应主要用于农村集体经济组织的生产经营、项目建设、资产购置等，不得用于非生产性支出。

抵押资金的使用须纳入集体经济组织的财务计划，定期向全体成员公开资金使用情况。

4.抵押权实现

抵押权实现时，应优先采取公开竞价方式，如拍卖、变卖等，确保抵押资产的处置公开透明。

抵押权实现后，所得款项优先用于清偿债务，剩余部分归集体经济组织所有。

5.监督管理

农村集体经济组织的抵押行为须接受乡镇人民政府（街道办事处）的监督，确保抵押行为合法合规。抵押事项须定期向全体成员公开，接受群众监督。

6.特殊规定

对于未入市的集体经营性建设用地使用权，部分地区允许其作为抵押物，但须符合相关法律法规和政策要求。

抵押行为须符合国家金融监管要求，抵押合同及相关文件须报相关部门备案。

（二）账务处理

当农村集体经济组织将固定资产或无形资产用于抵押时，会计核算上一般不直接反映抵押行为，但需要在备查簿中登记抵押资产的相关信息，包括抵押资产的名称、账面价值、抵押期限、抵押权人等。同时，应继续对抵押的资产按期计提折旧或摊销，折旧或摊销费用根据资产的用途分别记入"经营支出"或"管理费用"科目。

四、资产处置

（一）认识资产处置

农村集体经济组织资产处置是指农村集体经济组织对其所拥有的资产进行出售、转让、捐赠、置换、盘亏、报废、坏账损失核销以及对外投资损失核销等行为。这些行为涉及改变资产的所有权、使用权或资产的性质及用途。

（二）管理工作流程

1.处置范围

资产处置包括但不限于以下情形：

（1）确需淘汰或无法维修的资产。

（2）因自然灾害等不可抗力造成毁损或灭失的资产。

（3）长期闲置、低效运转或超标准配置的资产。

（4）有足够的证据表明确实无法回收的债权。

（5）发生产权变动或因合并、分立、解散而移交的资产。

2.处置程序

（1）确定处置方案。农村集体经济组织须根据资产的实际情况制订详细的处置方案，明确处置原因、处置方式、底价、收益使用等关键信息。

（2）履行民主决策程序。处置方案须提交成员（代表）大会讨论通过，确保决策过程公开透明，保障成员的知情权和参与权。在部分地区，还须参照"四议两公开"机制，即党支部提议、村"两委"商议、党员大会审议、村民代表会议或村民会议决议，并将决议结果和实施结果向全体成员公开。

（3）报批与备案。处置方案通过后，须报乡镇人民政府或街道办事处审批，并向县级农业农村行政主管部门备案。对于重大资产处置，还须通过农村集体产权交易平台进行交易，确保处置过程公开、公平、透明。

（4）资产评估。涉及产权转移或非货币性资产对外投资的处置，须进行资产评估，以评估结果作为确定处置底价的参考依据。

知识拓展5-3

农村集体资产的评估方法

（5）签订合同。资产处置须签订书面合同，明确双方的权利义务、价格、违约责任等，并报乡镇人民政府备案。

（6）公开公示。处置方案、评估结果、交易过程及处置结果须向全体成员公示，接受群众监督。

3.监督管理

资产处置须遵循公开、公平、公正的原则，接受乡镇人民政府和农业农村行政主管部门的监督。处置完毕后，财务人员应及时进行会计处理或调整固定资产台账信息，确保账实相符。

4.特殊规定

报废固定资产及生产性生物资产的使用年限应不低于规定的最低使用年限。核销的资产损失实行"账销案存"管理，集体经济组织仍有追偿的权利和义务。

五、系统流程解析

（一）申请资产租赁

步骤一：资产管理员进入系统，点击左侧菜单导航栏"资产租赁申请"，点击右上角的"新增"按钮，如图5-13所示。

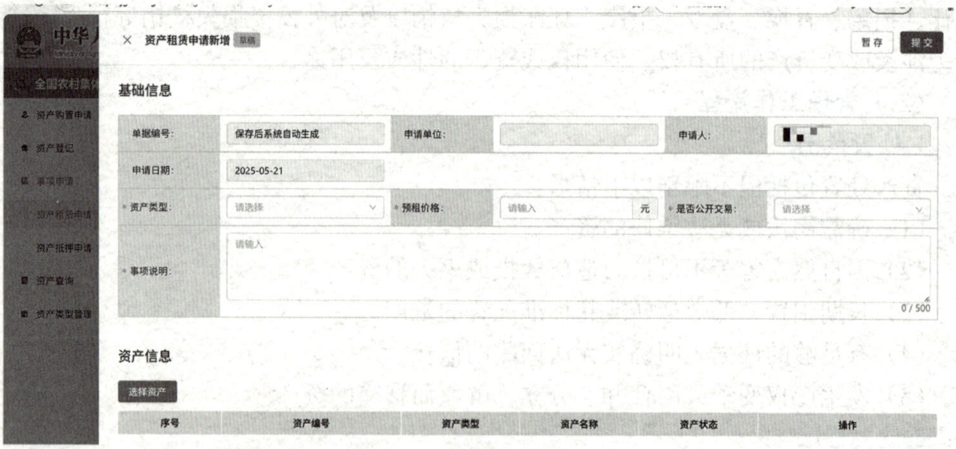

图5-13 资产租赁申请新增界面

步骤二：录入基本信息，单据编号、申请单位、申请人、申请日期由系统自动带出，资产类型、预租价格、是否公开交易、事项说明须手动录入。

步骤三：点击"选择资产"，上传附件资料，最后点击"提交"按钮。

功能指引5-7

【后续审批】提交后的申请会根据此区域当前配置的审批流程进行审批任务的分配。审核员登录系统后，可在"审批管理"→"审批中心"→"待办已办"中对单据进行审核。

【后续查询】资产管理员可查询该单据的详细情况，获取当前的审批记录。

【编辑】点击此按钮，编辑资产租赁申请信息。

【详情】点击此按钮，查看资产租赁申请信息。

【删除】点击此按钮，删除资产租赁申请信息。

（二）申请资产修缮

步骤一：资产管理员进入系统，点击左侧导航栏"资产修缮申请"，点击右上角的"新增"按钮。

步骤二：录入基础信息，单据编号、申请单位、申请人、申请日期由系统自动带出，资产名称、资产编码、资产类型、资产原值、数量、调整方向、调整金额、调整后原值、事项说明须手动录入。

步骤三：上传附件资料，点击"提交"按钮，如图5-14所示。

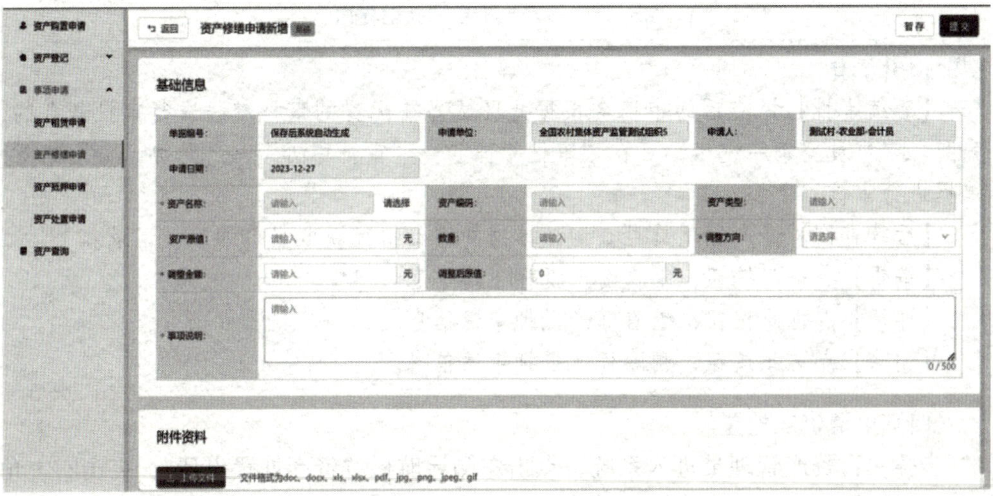

图5-14　资产修缮申请新增界面

功能指引5-8

【后续审批】提交后的申请会根据此区域当前配置的审批流程进行审批任务的分配。审核员登录系统后，可在"审批管理"→"审批中心"→"待办已办"中对单据进行审核。

【后续查询】资产管理员可查询该单据的详细情况，获取当前的审批记录。

【编辑】点击此按钮，编辑资产修缮申请信息。

【详情】点击此按钮，查看资产修缮申请信息。

【删除】点击此按钮，删除资产修缮申请信息。

（三）申请资产抵押

步骤一：资产管理员进入系统，点击左侧导航栏"资产抵押申请"，点击右上角的"新增"按钮。

步骤二：录入基础信息，单据编号、申请单位、申请人、申请日期由系统自动带出，事项说明须手动录入。

步骤三：点击"选择资产"，上传附件资料，点击"提交"按钮，如图5-15所示。

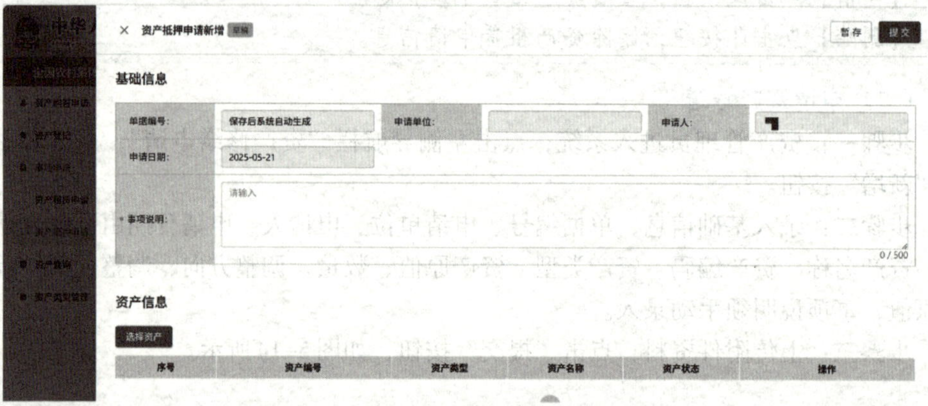

图5-15　资产抵押申请新增界面

> **功能指引5-9**
>
> 　　【后续审批】提交后的申请会根据此区域当前配置的审批流程进行审批任务的分配。审核员登录系统后，可在"审批管理"→"审批中心"→"待办已办"中对单据进行审核。
>
> 　　【后续查询】资产管理员可查询该单据的详细情况获取当前的审批记录。
>
> 　　【编辑】点击此按钮，编辑资产抵押申请信息。
>
> 　　【详情】点击此按钮，查看资产抵押申请信息。
>
> 　　【删除】点击此按钮，删除资产抵押申请信息。

（四）申请资产处置

步骤一：资产管理员进入系统，点击左侧导航栏"资产处置申请"，点击右上角的"新增"按钮。

步骤二：录入基础信息，单据编号、申请单位、申请人、申请日期由系统自动带出，处置类型、处置金额、事项说明须手动录入。

步骤三：点击"选择资产"，上传附件资料，点击"提交"按钮，如图5-16所示。

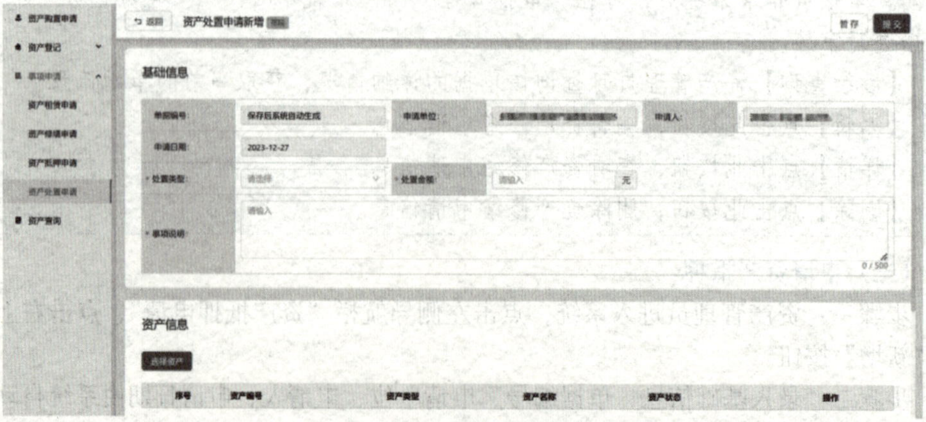

图5-16　资产处置申请新增界面

功能指引 5-10

　　【后续审批】提交后的申请会根据此区域当前配置的审批流程进行审批任务的分配。审核员登录系统后，可在"审批管理"→"审批中心"→"待办已办"中对单据进行审核。

　　【后续查询】资产管理员可查询该单据的详细情况获取当前的审批记录。

　　【编辑】点击此按钮，编辑资产处置申请信息。

　　【详情】点击此按钮，查看资产处置申请信息。

　　【删除】点击此按钮，删除资产处置申请信息。

任务实施

　　针对"任务布置"中的经济业务，相关处理程序如下：

步骤一：制订计划并决策

　　（1）制订计划：根据资产的实际使用情况和清查结果，制订年度修缮计划，明确修缮项目、预算及资金来源。

　　（2）民主决策：修缮项目需要经过农村集体经济组织的民主决策程序，如"四议两公开"制度，确保决策过程公开透明。

步骤二：系统录入

　　（1）填写信息：资产名称、资产编码、资产类型、资产原值、数量、调整方向、调整金额、调整后原值、事项说明等。

　　（2）材料上传：计划书、评估报告、决议文件、资产照片等。

　　（3）审批流程：修缮项目须按金额大小履行相应的审批程序。例如，小额修缮项目可由村"两委"会议决定，较大金额的修缮项目须经社员（代表）大会讨论通过。

步骤三：监督审计

　　（1）日常监督：农村集体经济组织的监督委员会（如村监会）应对修缮项目的实施过程进行监督，确保项目按计划推进。

　　（2）审计监督：农村集体经济组织应定期对修缮项目进行审计，重点检查资金使用是否合理、项目是否按合同执行等。

育德润心

报废资产的"绿色增值"探索

　　上海市某村在农村集体经济发展过程中，面临部分菜田设施老化、需要报废处置的问题。上海市创新农村资产市场化交易机制将已到报废处置阶段的菜田设施在上海农交所平台上挂牌，公开向社会拍卖，最终实现交易溢价30.39%，成交价格显著高于挂牌价。同时，通过资产评估、内部决策、合规处置，确保交易的公平公正、合法合规。报废资产的交易收益按照村集体的分配方案进行合理分配，部分用于村集体的基础设施建设、公共服务设施和集体经济产业项目，其余部分由集体经济组织成员进行第二次分配，实现了资产的增值和资源的优化利用，具有较强的示范意义。

资料来源：束涵. 以系统性思维破解城乡二元结构，探索农村集体经济高质量发展"上海路径"［EB/OL］.［2025-03-21］. https://export.shobserver.com/baijiahao/html/877166.html.

德育要素：

（1）可持续发展观念：报废后的土地或空间被重新规划利用，提升了资源的利用效率，体现了可持续发展的理念。

（2）创新意识：该村引入市场化交易机制，通过上海农交所平台进行公开挂牌和拍卖，实现了资产的增值，体现了创新意识。

职业点拨：

（1）市场化交易机制：通过公开挂牌和拍卖的方式，确保了资产处置的公开透明，避免了暗箱操作，增强了村民的信任。市场化交易机制不仅提高了资产的处置效率，还实现了显著的增值，为村集体带来了更多的经济收益。

（2）收益分配与再利用：报废资产的交易收益按照村集体的分配方案进行合理分配，提升了村民的获得感和幸福感，为村集体经济的可持续发展奠定了基础。

项目评价

在线测评5-1

项目五

本项目评价见表5-9。

表5-9　项目评价表

项目名称	资产管理员岗位工作			
	评价要点	评分标准	学生自评（50%）	教师评价（50%）
知识掌握（30分）	掌握农村集体经济组织资产概念，理解生物资产、存货资产、无形资产、固定资产、集体土地资产的特点和管理要求（10分）	·优秀（8~10分）：能准确掌握知识点并举例应用。 ·良好（5~7分）：基本掌握知识点但存在细节疏漏。 ·待改进（0~4分）：概念模糊或混淆知识点的适用性		
	了解资产购置、登记、修缮、报废、租赁、抵押等管理流程（10分）			
	掌握资产购置、登记、修缮、报废、租赁、抵押等操作的系统录入流程（10分）			
技能提升（40分）	能够独立完成资产购置申请的全流程操作（10分）	·优秀（8~10分）：操作无错误，计算精确，分析全面。 ·良好（5~7分）：操作有1~2处错误，操作逻辑正确且结果偏差≤5%。 ·待改进（0~4分）：操作错误≥3处，操作逻辑混乱		
	能够对生物资产、存货资产、无形资产、固定资产、集体土地资产等进行准确登记（10分）			
	能够熟练操作资产管理系统，完成资产登记、出租、修缮、报废、抵押的信息录入、提交、审核等操作（10分）			
	能够跟踪审批流程，及时处理审批中的问题（10分）			

续表

项目名称		资产管理员岗位工作		
	评价要点	评分标准	学生自评（50%）	教师评价（50%）
素质养成（30分）	具有规则意识和合规意识（10分）	·优秀（8~10分）：案例分析决策合理，主动提出合规建议。 ·良好（5~7分）：能完成基础分析但缺乏创新。 ·待改进（0~4分）：决策违背职业伦理或缺乏团队贡献		
	具有诚信、责任意识（10分）			
	具有创新意识（10分）			
综合评价成绩（100分）				
学生自评：		学生签字：		
教师评语：		教师签字：		

项目六 业务管理员岗位工作

学习目标

知识目标

1. 了解会计账套的设置要求。
2. 掌握会计科目的设置原则。
3. 熟悉预算编制和合同管理的基本规范。
4. 了解审批角色及审批流程的设置方法。

技能目标

1. 能够在系统中进行会计账套和会计科目的设置操作。
2. 能够根据实际需求设置合理合规的预算模板和合同模板。
3. 能够新增、编辑、复制和启用审批角色和审批流程，以适应农村集体经济组织的实际需求。

素养目标

1. 培养诚信与公正的职业素养，确保财务数据的真实、准确和透明。
2. 强化创新和进取的精神，积极学习并运用现代信息技术提升工作效率和管理水平。
3. 增强规范管理的意识，重视制度建设和流程规范，确保工作有章可循、有据可依。
4. 树立廉洁自律与反腐倡廉的职业操守，通过信息化管理手段避免暗箱操作和腐败行为的发生。

岗位说明

业务管理员的主要工作：一是在平台中设置与管理会计账套、会计科目，确保财务数据准确透明；二是制定预算及合同管理模板，规范资金使用与项目合作流程；三是配置审批角色与审批流程，提升审批效率与透明度。业务管理员岗位强调诚信公正、创新进取的职业素养，通过信息化手段强化规范管理，促进农村集体经济健康发展。

工作导航

岗位	工作任务	工作分解
业务管理员	科目模板管理	新增账套类型
		预制科目
	预算及合同模板管理	设置预算模板
		设置合同模板
	审批模板管理	新增审批角色
		新增审批流程
		复制审批流程
		编辑审批流程
		启用审批流程

任务一　科目模板管理

任务布置

2024 年 12 月，某村准备为下一年设置新的会计账套和会计科目，需要业务管理员在本月内完成相关系统设置工作。

思考：

（1）会计账套、科目的设置要求有哪些？

（2）如何在系统中进行账套、科目设置操作？

知识点拨

一、会计账套的设置

为了适应农村集体经济组织的发展需求，规范其财务管理和会计核算流程，农村集体经济组织应严格按照相关法律法规和财务制度的要求，科学合理地设置新增会计账套，并加强管理。通过建立健全的会计账套管理体系，确保财务信息的真实、准确、完整和及时，为农村集体经济组织的决策提供可靠的财务数据支持。同时，通过透明化的财务管理流程，保障集体经济组织成员的知情权和监督权，增强成员对集体经济组织的信任，促进农村集体经济的健康、可持续发展。

知识精讲6-1
科目模板管理

（一）账套设置要求

1.独立核算与分账管理

农村集体经济组织与村民委员会应分别设置会计账套和银行账户，独立核算。已完成产权制度改革的农村集体经济组织，须将村委会账套直接变更为"股份经济合作社"账套，村委会可重新建账，也可在"股份经济合作社"账套内设专门账套进行核算。

2.主账套与副账套

农村集体经济组织为主账套，村民小组有账套的应建立副账套，或用行政村账套管理各村民小组资产，但须注明权属信息。

3.信息化管理

农村集体经济组织应逐步实现财务信息采集、存储、管理和运用的信息化，确保财务信息的真实性、完整性和可比性。

（二）管理工作流程

1.账套信息管理

县级农业农村部门须指导乡镇、村建立完善主账套，完成账套信息录入，确保"应建尽建"，同时删除临时性、测试用的废弃账套。

2.年度财务报告

农村集体经济组织应按照国家统一的会计制度编制年度财务会计报告，并按要求报送乡镇人民政府和农业农村部门、财政部门。

3.财务公开制度

新增会计账套后，农村集体经济组织应建立财务公开制度，以易于理解和接受的形式公开财务信息，接受成员监督。

（三）委托代理服务

村级组织可选择以下三种会计工作组织方式：委托乡镇人民政府或街道办事处代理记账；委托经财政部门批准的中介机构代理记账；自行记账，设置会计机构或会计岗位。

委托代理记账须经农村集体经济组织成员（代表）大会或村民（代表）会议讨论决定，并签订委托协议，明确双方权利义务。

二、会计科目的设置

（一）设置原则

农村集体经济组织应根据《农村集体经济组织会计制度》及附录的相关规定，设置和使用会计科目。会计科目设置须满足以下要求：

（1）统一性：会计科目名称和编号由制度统一规定，以便于填制会计凭证、登记账簿和实行会计信息化管理。

（2）灵活性：对于不存在的交易或事项，可不设置相关科目；在不违反制度确认、计量和报告规定的前提下，可根据实际情况自行增设必要的会计科目。

（3）明细核算：可比照制度规定自行设置明细科目，进行明细核算。

（二）会计科目分类

会计科目可以分为以下几类，具体科目名称和编号见表6-1。

知识拓展6-1

农村集体经济组织会计科目设置的精细化管理

表6-1 会计科目名称和编号

顺序号	编号	会计科目名称
		一、资产类科目
1	101	库存现金
2	102	银行存款
3	111	短期投资
4	112	应收款
5	113	内部往来
6	121	库存物资
7	131	消耗性生物资产
8	132	生产性生物资产
9	133	生产性生物资产累计折旧

续表

顺序号	编号	会计科目名称
10	134	公益性生物资产
11	141	长期投资
12	151	固定资产
13	152	累计折旧
14	153	在建工程
15	154	固定资产清理
16	161	无形资产
17	162	累计摊销
18	171	长期待摊费用
19	181	待处理财产损溢
		二、负债类科目
20	201	短期借款
21	211	应付款
22	212	应付工资
23	213	应付劳务费
24	214	应交税费
25	221	长期借款及应付款
26	231	一事一议资金
27	241	专项应付款
		三、所有者权益类科目
28	301	资本
29	311	公积公益金
30	321	本年收益
31	322	收益分配
		四、成本类科目
32	401	生产（劳务）成本
		五、损益类科目

续表

顺序号	编号	会计科目名称
33	501	经营收入
34	502	投资收益
35	503	补助收入
36	504	其他收入
37	511	经营支出
38	512	税金及附加
39	513	管理费用
40	514	公益支出
41	515	其他支出
42	521	所得税费用

三、系统流程解析

(一) 新增账套类型

业务管理员点击"财务管理"→"科目模板维护"，进入科目模板维护界面，如图6-1所示。此界面可查询系统初始化启用的科目模板（根据会计制度维护的模板），业务管理员可基于初始化模板维护本辖区的会计科目模板，便于基层用户在统一的模板基础上展开后续的会计核算工作。

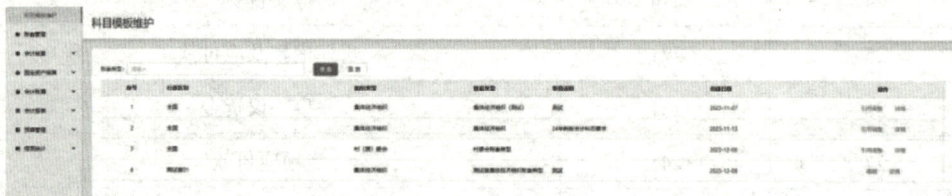

图6-1 科目模板维护界面

功能指引6-1

【引用调整】选择对应的初始化模板，点击此按钮，系统会基于选择的模板复制一份科目模板，由当前用户自行基于本辖区的要求进行设置；用户自行维护对应的账套类型名称，建议命名格式为：××年度×辖区会计科目模板。

【确认并维护科目】点击此按钮，创建科目模板。

(二) 预制科目

步骤一：业务管理员点击"预制科目"，进入预制科目界面。

步骤二：选择对应的科目类型，点击右侧"添加预制科目"，进入添加预制科目界面。

步骤三：填写相关信息，点击"保存"按钮，如图6-2所示。

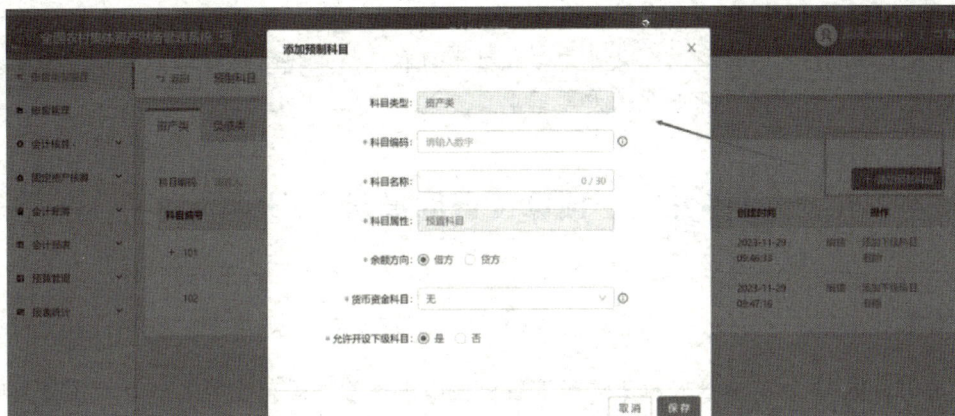

图6-2 添加预制科目界面

任务实施

针对"任务布置"中的经济业务，相关处理程序如下：

步骤一：会计账套的设置管理

（1）账套设置要求：独立核算与分账管理、主账套与副账套、信息化管理。

（2）管理工作流程：账套信息管理、编制年度财务会计报告、建立财务公开制度。

（3）委托代理服务：委托乡镇人民政府或街道办事处代理记账；委托经财政部门批准的中介机构代理记账；自行记账，设置会计机构或会计岗位。

步骤二：设置会计科目

坚持统一性、灵活性、明细核算，遵守会计科目分类规定。

育德润心

"账"启新程——农村集体经济"三资"管理的创新探索

梧州市在推进农村集体产权制度改革过程中，针对农村集体资产台账不健全、会计核算不准确等问题，承担了全国农村集体资产财务管理系统试点等工作，以提升财务管理水平。梧州市896个村级集体经济组织全部建立财务账套，使用全国农村集体资产监督管理平台进行会计核算，实现了信息化管理，严格按照相关会计制度规范设置会计科目，涵盖资产、负债、所有者权益等类别，确保核算准确清晰。

资料来源：阮蓓. 优化"三资"管理 激发清廉乡村活力——广西发展新型农村集体经济见闻 [EB/OL]. [2024-12-03]. http://nynct.gxzf.gov.cn/xwdt/ywkb/t19364971.shtml.

德育要素：

（1）诚信与公正：通过规范会计账套和科目设置，确保财务数据的真实、准确和透明，保障了农民的知情权、参与权和监督权，体现了诚信和公正的原则。

（2）创新与进取：梧州市积极探索农村集体经济"三资"管理的新模式，通过信息化手段提升财务管理水平，体现了创新和进取的精神。

职业点拨：

（1）规范管理的重要性：在任何职业领域，规范管理都是提高工作效率和质量的基础。该案例提醒从业者要重视制度建设和流程规范，确保工作有章可循、有据可依。

（2）信息化手段的应用：随着科技的不断发展，信息化手段在各个职业领域中的应用越来越广泛。该案例启示从业者要积极学习和运用现代信息技术，提升工作效率和管理水平，适应数字化时代的发展需求。

任务二　预算及合同模板管理

任务布置

2025年3月，某地区农村集体经济组织面临财务管理规范化需求。为加强资金使用规划与监管，提升经济活动透明度，该农村集体经济组织决定制定一套科学合理的预算及合同管理模板，规范资金分配与项目合作流程，本月需要业务管理员完成系统预算、合同模板设置的工作。

思考：

（1）如何设置一套合规合理的预算、合同模板？

（2）系统模板是否能满足个性化需求？

知识点拨①

一、设置预算模板

知识精讲6-2

预算及合同
模板管理

业务管理员进入系统，点击"预算管理"→"模板制定"，进入模板定制界面。在该界面，业务管理员可查询系统初始化启用的预算模板，基于初始化模板维护本辖区的预算模板，便于基层用户在统一的模板基础上展开后续的财务预算工作。系统分为本级模板和上级模板，根据当前登录用户所属的行政区划进行归属，展示模板状态为"已发布"且在启用和终止日期范围内的模板，如图6-3所示。

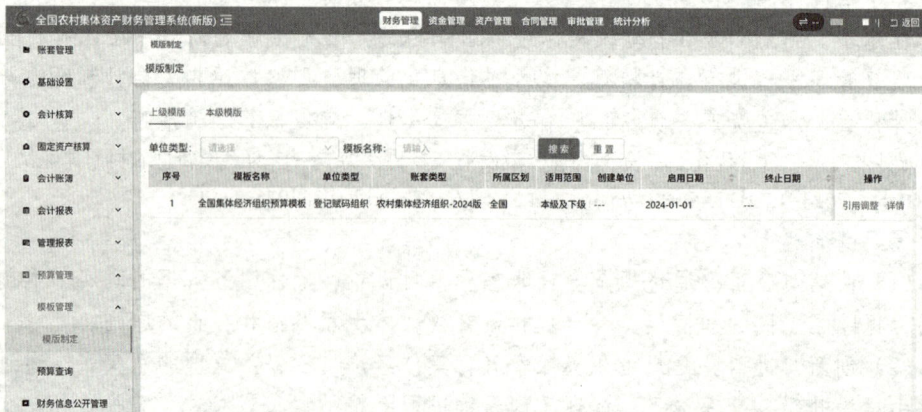

图6-3　模板制定界面

---

① 预算编制、管理规范内容参见本书项目四任务三，合同管理规范内容参见本书项目七任务一，此处不再赘述。

功能指引6-2

【引用调整】进入引用调整界面，填写基础信息、预算科目设置，点击"确认"按钮即可，如图6-4所示。

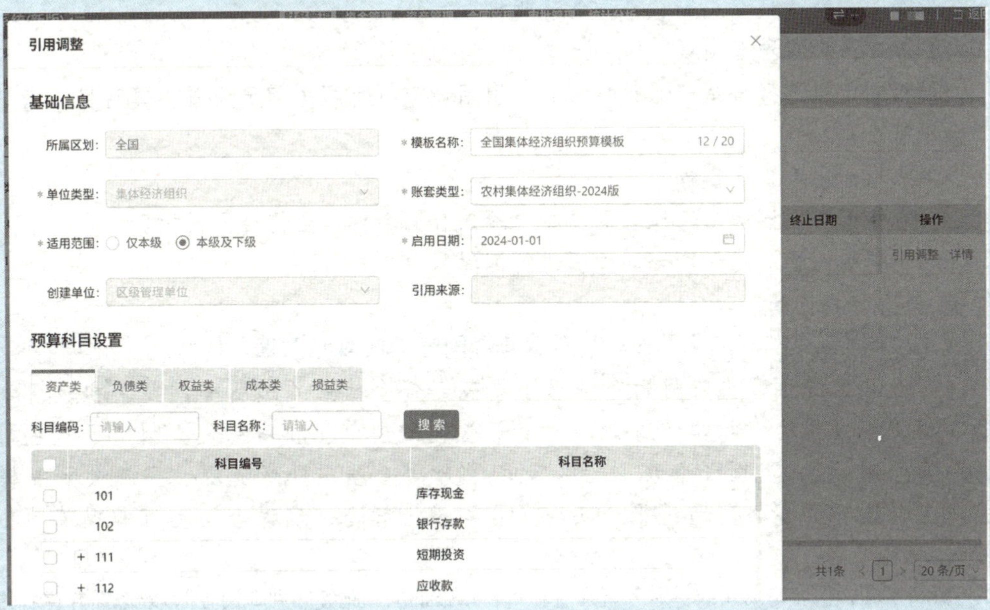

图6-4 引用调整界面

二、设置合同模板

步骤一：业务管理员进入系统，点击左侧导航栏的"基础设置"→"合同模板"，点击"新增"按钮，如图6-5所示。

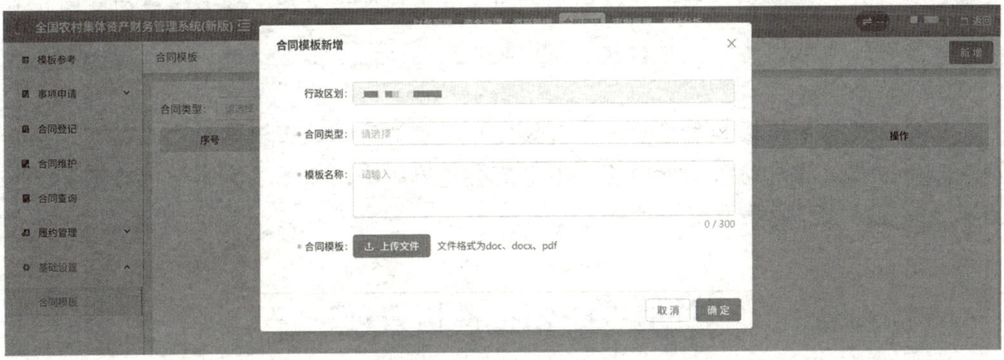

图6-5 合同模板新增界面

步骤二：行政区划由系统根据账号信息自动导入，选择合同类型、输入模板名称、上传合同模板，点击"确认"按钮。

功能指引6-3

【编辑】可以对新增合同模板进行编辑修改。

【删除】可以对新增合同模板进行删除操作。

任务实施

针对"任务布置"中的经济业务，相关处理程序如下：

步骤一：熟悉预算编制、合同管理规定

步骤二：设置预算模板

模板制定（选择合适的系统模板）→引用调整（可根据需要设置预算科目，满足个性化需求）。

步骤三：设置合同模板

（1）新增合同模板：选择合同类型、输入合同名称、上传合同模板。

（2）编辑调整：对新增合同模板进行编辑修改。

育德润心

农村"三资"预算与合同管理的规范之路

扬州市某镇为解决农村财务管理不规范、资金使用不透明等问题，积极探索数字化转型，推动农村集体经济"三资"管理的规范化和信息化。制定了《农村财务管理规定》，更新了管理平台，新增了合同管理、资产资源、财务公开等模块。在合同管理方面，通过平台实现了合同模板管理，确保合同签订的规范性和透明度。

资料来源：佚名. 扬州农村财务管理改革：村账报批从"跑签"到"网签"，效率提升背后的数字化转型〔EB/OL〕.〔2025-04-05〕. https://www.sohu.com/a/880139097_122354591.

德育要素：

（1）集体主义精神：该案例以提升农村集体经济管理水平为目标，最终目的是促进农村经济发展，保障农民权益，体现了集体主义的价值观。

（2）持续学习与提升：通过定期培训和考核，不断提升村会计的专业能力，确保其能够适应信息化管理的要求。持续学习和提升是职业发展的关键，该案例鼓励从业者树立终身学习的理念，不断提升专业技能。

职业点拨：

标准化的合同模板和预算管理，有效提升了农村集体"三资"管理的规范性和透明度，标准化流程有助于减少因管理不规范引发的纠纷，保障了集体资产的安全，也为其他地区提供了标准化管理的借鉴。

任务三　审批模板管理

任务布置

2025年1月某地区农村集体经济组织在财务管理中面临审批流程繁琐、效率低下、透明度不足等问题，影响了资金使用效率和集体经济发展。为规范资金使用，提高审批效率，保障农民权益，该地区决定引入信息化手段，建立一套科学合理的农村集体经济审批模板管理系统，实现审批流程的标准化、透明化和高效化。现需业务管理员在本月完成系统审批角色、审批流程的设置工作。

思考：

（1）能否通过审批角色的调整以满足农村集体经济组织的实际需求？

（2）如何将实际业务操作流程与系统设置进行对接？

知识点拨

一、新增审批角色

业务管理员负责配置审批角色，负责本辖区系统的审批角色配置工作，如图6-6所示，目前系统已自动配置出各审批环节流程试用的通用角色。若该角色不适用，可以根据实际业务需求进行角色新增，点击"新增角色"，填写角色名称、角色描述，如图6-7所示。

知识精讲6-3

审批模板管理

图6-6　审批角色界面

图6-7　新增角色界面

知识拓展6-2

二、新增审批流程

业务管理员负责本辖区系统的流程管理功能维护工作，目前系统已自动配置出各审批环节使用的通用流程，如图6-8所示。若该流程不适用，省（自治区、直辖市）/市（州、盟）/县（区、市、旗）/乡镇级业务管理员可以根据实际业务操作流程配置，在遵循实际规章制度的前提下，为不同的审批场景创建审批流程。

农村集体经济组织审批流程的合规性与效率平衡

图6-8　流程管理界面

步骤一：业务管理员进入系统，点击"流程管理"，进入流程管理界面，点击右上角"新增"，进入新增流程界面，如图6-9所示。

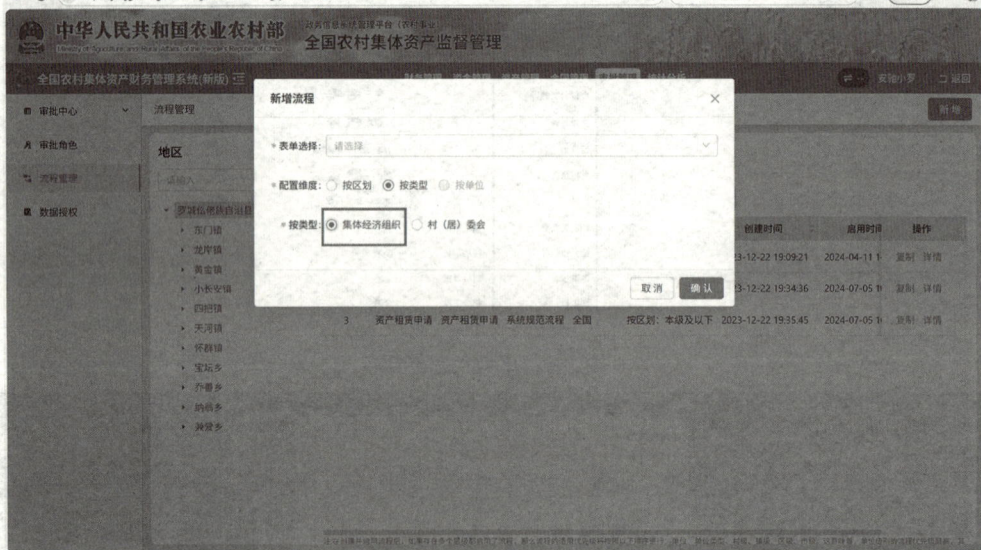

图6-9　新增流程界面

步骤二：填写表单选择、配置维度等信息。若选择"按区划"，勾选"本级及以下"，该条审批流程生效后，默认是本级和下辖区域使用的审批流程。若选择"按类型"，勾选"集体经济组织"/"村（居）委员会"，该条审批流程生效后，默认是勾选的集体组织范围内使用流程的审批流程。

三、复制审批流程

点击"复制"按钮，复制当前的审批流程，并生成一个新的审批流程单，用于在原来审批流程的基础上进行快速调整，形成新的审批流程，如图6-10所示。

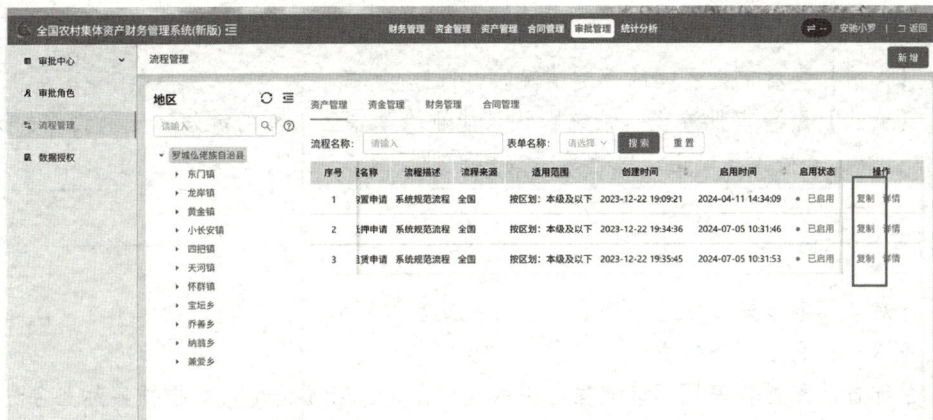

图6-10　复制审批流程界面

四、编辑审批流程

选择一条"新增/复制"的流程，点击"编辑"按钮，进入编辑流程界面。按界面提示完成流程名称、流程描述、环节配置等信息的填写，如图6-11所示。

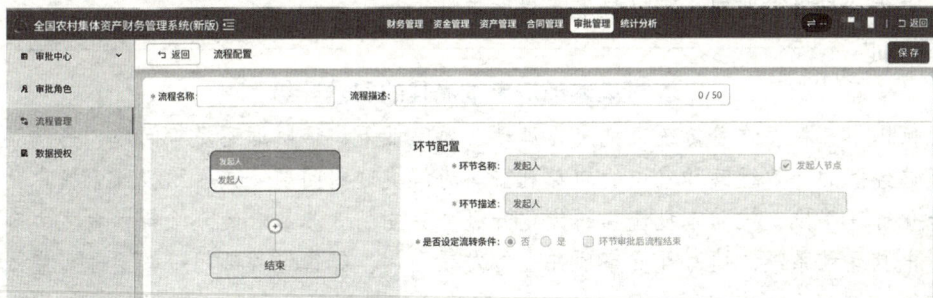

图6-11　流程配置界面

五、启用审批流程

返回审批列表处，选择编辑完成的审批，点击"启用"按钮即可以启用新建的审批流程，如图6-12所示。

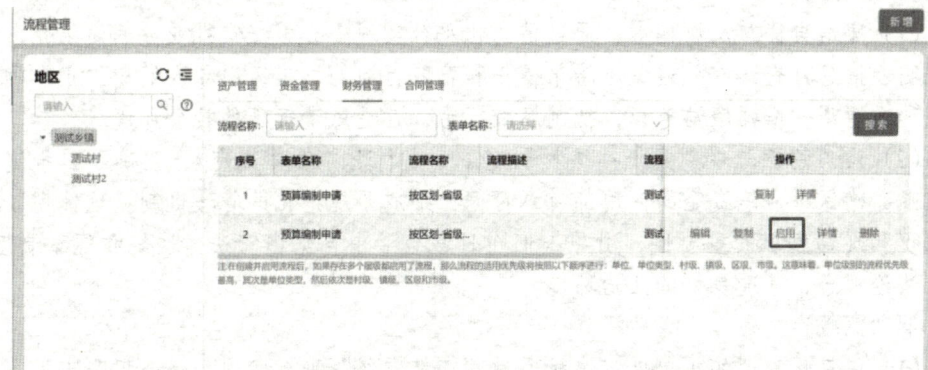

图6-12　启用审批流程界面

功能指引6-4

【详情】查看审批流程的设定情况。

【删除】删除审批流程。系统默认只能删除本辖区创建的流程，上级设置的流程作为默认流程，只能由上级删除，当前审批层级无法删除。

任务实施

针对"任务布置"中的经济业务，相关处理程序如下：

步骤一：新增审批角色

系统自动配置各审批环节流程适用的通用角色；若不适用，可根据实际业务进行角色新增。

步骤二：新增审批流程

系统自动配置各审批环节适用的通用流程；若不适用，可根据实际业务为不同的审批场景创建审批流程；此外，还可对审批流程进行复制、编辑、删除等操作。

步骤三：启用审批流程

点击"启用"按钮，可以启用新建的审批流程。

育德润心

农村集体经济审批流程的智慧升级

佛山市某村面临着传统审批流程烦琐、效率低下、透明度不足等问题，影响了农村集体经济的高效运营和农民的切身利益。为解决这些问题，该村积极探索信息化和规范化管理手段，推动审批流程的优化升级。建立了"苏智农经"平台，村主办会计通过电脑登录系统，填写开支事项并上传发票图片，经镇经管部门审核后即可完成资金转账；制定了《农村财务管理规定》，明确了审批流程和权限，确保每一笔资金的使用都有章可循；实行村主办会计委派制度，村会计不仅要对村子负责，还要接受镇政府的监督，形成双重责任制。

资料来源：刘明，廖明璨，萧皓隆. 乡村CEO助集体经济收益扭亏为盈 [EB/OL]. [2025-04-07]. https: //cj.sina.com.cn/articles/view/1682207150/v644471ae02001elb8.

德育要素：

（1）廉洁自律与反腐倡廉：通过信息化平台实现资金报账审批业务的线上化，流程透明、信息可查，有效避免了暗箱操作和腐败行为的发生，引导人们树立正确的价值观和道德观，增强廉洁意识，抵制腐败行为，营造风清气正的社会环境。

（2）法治意识与规则意识：该村制定了《农村财务管理规定》，明确了审批流程和权限，确保每一笔资金的使用都有章可循，形成了规范化的管理机制。这体现了法治意识和规则意识的重要性，引导人们在日常生活中自觉遵守法律法规和规章制度，增强法治观念，营造良好的法治环境。

职业点拨：

（1）信息化管理的重要性：该村通过"苏智农经"平台实现了资金报账审批业务的线上化，提高了管理效率和透明度。

（2）标准化流程的必要性：通过标准化的审批流程，该村有效提升了农村集体"三资"管理的规范性和透明度。这为其他地区的标准化管理提供了借鉴。

项目评价

在线测评6-1

项目六

本项目评价见表6-2。

表6-2　　　　　　　　　　　　　项目评价表

项目名称		业务管理员岗位工作		
	评价要点	评分标准	学生自评（50%）	教师评价（50%）
知识掌握（30分）	理解会计账套的设置要求，掌握会计科目的设置原则（10分）	·优秀（8~10分）：能准确掌握知识点并举例应用。·良好（5~7分）：基本掌握知识点但存在细节疏漏。·待改进（0~4分）：概念模糊或混淆知识点的适用性		
	熟悉预算编制和合同管理的基本规范（10分）			
	了解审批角色和审批流程的设置方法（10分）			
技能提升（40分）	能够在系统中进行会计账套和会计科目的设置操作（10分）	·优秀（8~10分）：操作无错误，计算精确，分析全面。·良好（5~7分）：操作有1~2处错误，操作逻辑正确且结果偏差≤5%。·待改进（0~4分）：操作错误≥3处，操作逻辑混乱		
	能够根据实际需求设置合规合理的预算模板和合同模板（10分）			
	能够新增、编辑、复制和启用审批角色和审批流程，以适应农村集体经济组织的实际需求（10分）			
	能够跟踪审批流程，及时处理审批中的问题（10分）			
素质养成（30分）	培养诚信与公正的职业素养，确保财务数据的真实、准确和透明（10分）	·优秀（8~10分）：案例分析决策合理，主动提出合规建议。·良好（5~7分）：能完成基础分析但缺乏创新。·待改进（0~4分）：决策违背职业伦理或缺乏团队贡献		
	强化创新和进取精神，积极学习并运用现代信息技术提升工作效率和管理水平（10分）			
	增强规范管理的意识，树立廉洁自律与反腐倡廉的职业操守（10分）			
综合评价成绩（100分）				
学生自评：				
		学生签字：		
教师评语：				
		教师签字：		

项目七 合同管理员岗位工作

学习目标

知识目标

1. 掌握农村集体合同类型及管理流程。
2. 熟悉审查、签订、履行、保管原则。
3. 明确合同主体、标的、数量、质量等要素。
4. 了解合同续签条件、程序和终止情形。

技能目标

1. 能够下载合同模板，掌握检索方法。
2. 熟练运用"三资"管理平台完成合同信息登记与查询操作。
3. 能够进行"三资"管理系统合同维护操作。
4. 能够进行"三资"管理系统收款、付款操作。

素养目标

1. 培养严谨的规范意识，严格遵守合同管理流程，确保规范合法。
2. 强化风险防范意识，识别合同风险，增强防范能力。
3. 提高责任意识，对集体资产和成员权益负责。
4. 增强协作意识，与合同当事人协作，推动合同履行。

岗位说明

合同管理员的主要工作包括：一是合同全流程管理，负责合同的申请、登记、维护及履约等操作，涵盖材料准备、系统录入、审批跟踪等环节，确保合同管理规范合法；二是合同要素审核，审查合同主体、标的、数量、质量等要素，保障合同完整性和有效性；三是系统操作与维护，熟练运用平台完成合同登记、查询、续签、终止及收款付款等操作，确保信息录入准确、流程跟踪及时。

工作导航

岗位	工作任务	工作分解
合同管理员	合同模板下载	合同管理的范围
		合同管理的原则
		合同管理的工作流程
		下载合同模板
	合同登记	农村集体经济合同要素
		农村集体经济合同审核注意事项
		合同登记与查询
	合同维护	农村集体经济合同续签的管理要求
		农村集体经济合同终止的管理要求
		合同续签与终止
	合同履约	合同履约原则
		合同收款管理要求
		合同付款管理要求
		合同收款与付款

任务一　合同模板下载

任务布置

2025 年 3 月，某村拟与某企业签订林地承包合同。合同管理员需要完成合同申请、登记、维护等全流程操作，包括材料准备、系统录入、审批跟踪等。

思考：

（1）如何加强合同管理的全流程管理？

（2）系统中如何选择合适的合同模板？

知识点拨

一、合同管理的范围

农村集体资产、资源交易涵盖农村集体所有的土地、林地、水域等自然资源的承包、租赁，集体房屋、机械设备等资产的出租、转让，以及各类农村集体投资项目的建设等，对应涉及的合同类型有资产租赁合同、投资合同、工程建设合同、采购服务合同、买卖合同、劳动合同、其他合同等。合同管理主要是利用平台中的合同管理系统，进行系统录入，动态管理，通过系统掌握各村合同的基本内容、合同金额、合同履行情况等，实现对农村集体经济合同的全面监管。

知识精讲7-1

合同模板下载

二、合同管理的原则

健全制度：制定合同管理制度，明确管理职责和流程。

加强审查：对合同主体、内容、条款等进行严格审查，防范法律风险。

规范签订：使用规范的合同文本，确保合同条款合法、明确。

强化履行：监督合同履行，及时处理违约行为。

妥善保管：建立合同档案，妥善保管合同资料。

三、合同管理的工作流程

合同管理的工作流程如图 7-1 所示。

四、系统流程解析

步骤一：进入系统，点击左侧菜单栏的"模板参考"，如图 7-2 所示。

步骤二：寻找需要的模板类型，在右侧点击"预览/下载模板"，即可下载并使用参考模板。

步骤三：如不需要模板，可通过合同维护新增。

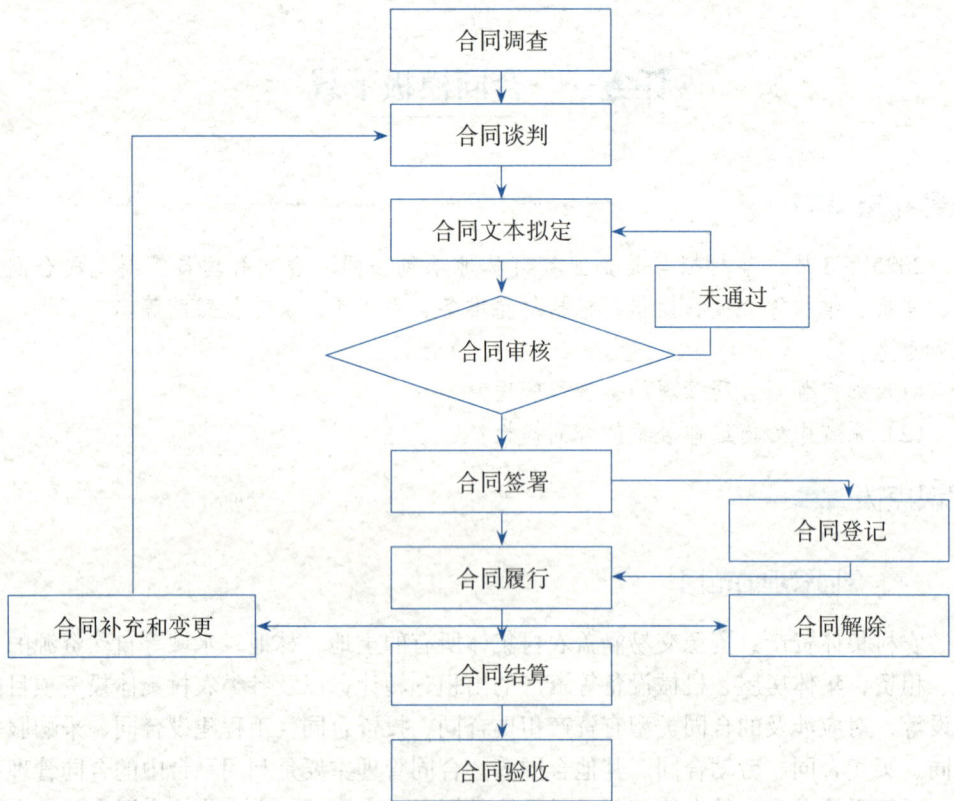

图7-1　合同管理的工作流程

图7-2　模板参考界面

功能指引7-1

【合同类型】点击此按钮，选择查询合同类型。

【模版名称】点击此按钮，选择模板名称。

任务实施

针对"任务布置"中的经济业务，相关处理程序如下：

步骤一：熟悉合同管理的基础知识

合同管理的工作流程：合同调查→合同谈判→合同文本拟定→合同审核→合同签署→合同登记→合同履行→合同变更→合同结算→合同验收。

步骤二：系统模板下载

（1）查找要素：模板类型、模板名称。

（2）模板要求：与已签署的合同经济业务相匹配。

育德润心

整治"问题合同"　护好村集体经济"钱袋子"

安徽某市在日常监督检查中发现，在农村集体资产、资源管理中存在拖欠租金、低价出租、长期合同等问题，经过整改，督促重新签订合同111份，收回欠款资金79.42余万元，增加租金收入2.875万元。

资料来源：杨峰．旌德：整治"问题合同"护好村集体经济"钱袋子"［EB/OL］．［2025-01-13］．http://www.jdjjjc.gov.cn/content/detail/67846e067fac9a772f8b4567.html.

德育要素：

（1）法治意识：严格按照法律法规和合同管理原则操作，体现了法律意识。

（2）责任意识：村干部在整治过程中展现出的主动作为精神具有示范意义。

职业点拨：

（1）建议建立合同管理全流程规范，确保合同管理有据可循。

（2）建立高效的沟通机制，确保合同问题能够及时解决，维护了良好的合作关系。

任务二　合同登记

任务布置

2025年5月，某村合同管理员拿到与某企业签订的林地承包合同，需要对合同进行系统登记的全流程操作，包括材料准备、系统录入、审批跟踪等。

思考：

（1）如何审核合同的完整性和有效性？

（2）系统操作中需要录入哪些信息、上传哪些资料？

（3）如何查询已上传合同？

知识点拨

知识精讲7-2
合同登记

一、农村集体经济合同要素

在农村集体经济合同的管理中，应该确保合同具备以下要素：

（一）合同主体

合同主体是指合同的履约双方，即发包方和承包方。发包方，通常为农村集体经济组织，如农村集体经济组织、村民委员会或村民小组，须具备代表村集体行使资产、资源处置和管理的资格。承包方，可以是本集体经济组织成员，也可以是外部的自然人、法人或其他组织。承包方应具有相应的民事行为能力和履约能力。

（二）合同标的

常见的合同标的有资产类标的和资源类标的两类。资产类标的包括农村集体所有的房屋、建筑物、机械设备、交通工具等固定资产，以及货币资金、有价证券等流动资产。资源类标的包括农村集体所有的土地（耕地、林地、草地等）、水域、滩涂、荒山、荒沟、荒丘、荒滩等自然资源。

（三）数量与质量

合同应该明确标明资产的数量、资源的面积、范围等具体量化指标。例如，土地承包合同中须精确界定土地的亩数、范围。合同还应该标明标的的质量：对于资产，要说明其使用状况、性能等质量特征；对于资源，如耕地须说明地力等级等相关质量要素。

知识拓展7-1
确定土地
亩数和四至
范围

（四）收款计划

合同应该约定价款，合理确定资产出售价格、资源承包租赁费用等。定价须综合考虑资产、资源的市场价值、预期收益、当地经济水平等因素。合同需要明确收款计划，约定是一次性支付还是分期支付，以及具体的支付时间节点和支付途径，如银行转账等。

（五）履行期限、地点和方式

合同应该明确履行期限、履行地点、履行方式。履行期限规定合同生效到终止的时间区间，如土地承包期限、资产租赁期限等，要符合法律法规及农村实际情况。履行地点明确资产交付地点、资源使用地点等，涉及不动产的一般为不动产所在地。履行方式说明资产交付方式、资源开发利用方式等，如土地是以转包、出租还是入股的方式流转。

（六）其他限制性条款

除了以上基本要素外，合同还需要约定用途限制、违约责任、合同变更与解除条件、优先权等事项。

二、农村集体经济合同审核注意事项

（一）主体资格审核

审查农村集体经济组织是否具备签订合同的主体资格，是否经过合法的登记注

册，其决策程序是否符合法律法规和组织章程的规定；核实承包方的身份信息、经营范围、资信状况等，确保其有能力履行合同义务。对于外部承包方，必要时可要求其提供担保。

（二）民主程序审核

查看是否召开了相应的成员大会或成员代表大会，会议记录、决议等文件是否齐全，参会人数、表决方式是否符合规定。

（三）条款内容审核

审核以下合同条款：标的条款，确保对资产、资源的描述准确无误，包括名称、数量、质量、位置等关键信息清晰明确，避免产生歧义。价格与支付条款，审查价格是否合理，有无进行市场调研或评估；支付方式和时间是否明确、可行，是否有利于集体资金的及时回收。用途与期限条款，确认用途限制是否明确，期限是否符合法律法规及农村实际情况，有无超期或不合理的期限设定。违约责任与变更解除条款，检查违约责任是否具体明确，具备可操作性；变更解除条件是否合理，是否可能对集体利益造成损害。

（四）程序合规性审核

审核合同签订过程是否符合规定程序，如是否进行了必要的招投标、公示等程序，以保证合同签订的公开、公平、公正。

（五）档案资料审核

检查合同签订过程中的相关文件资料，如谈判记录、评估报告、审批文件等是否完整齐全，便于日后查阅和管理。

三、系统流程解析

（一）登记基本信息

步骤一：合同管理员进入系统，点击左侧菜单导航栏的"合同登记"，点击右上角的"新增"按钮，进入合同登记界面。

步骤二：选择合同类型，依次录入合同名称、签订日期、合同开始日期、合同结束日期、合同金额、是否招投标等信息，如图7-3所示。合同编号在合同登记完成后由系统自动生成。

图7-3　基本信息界面

（二）登记签约方信息

步骤一：保持合同登记界面，下滑网页显示完整的签约方信息表。

步骤二：填写"签约方信息"，包括甲方名称、甲方代表人、甲方联系方式、乙方名称、乙方代表人、乙方联系方式，如图7-4所示。

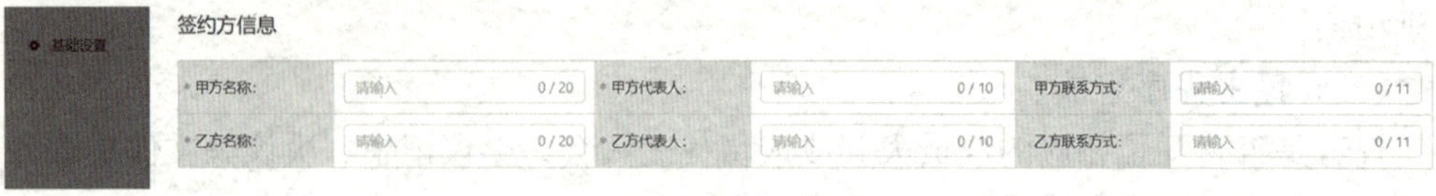

图7-4　签约方信息界面

（三）登记标的物信息

步骤一：保持合同登记界面，下滑网页显示完整的标的物信息表。

步骤二：根据合同基本信息中选择的不同合同类型，该位置需要填写不同的信息。例如，当选择合同类型为资产租赁合同时，需要填写"标的物信息"，点击"选择资产"，通过资产编号或资产名称选择相关资产，标的物信息由系统自动带出，如图7-5所示。

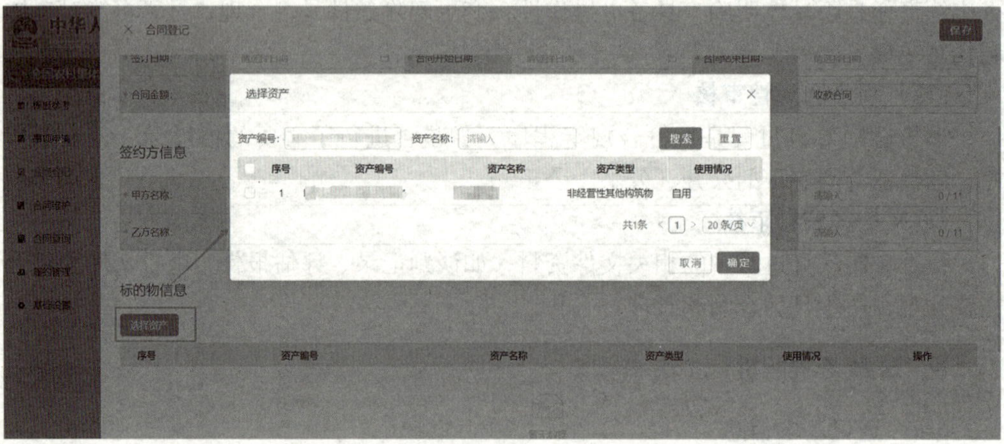

图7-5　选择资产界面

步骤三：如无标的物信息，在创建合同之前，须完成对应资产数据的维护（详见项目六）。

（四）登记收款计划

步骤一：保持合同登记界面，下滑网页显示完整的收款计划表。

步骤二：根据合同，在对应位置填写收款类型、预计收款日期、预计收款金额等信息，如图7-6所示。

图7-6　收款计划界面

> **功能指引7-2**
>
> 【删除】收款计划整行删除。
>
> 【新建行】新建一行空白行。

【按规则生成】对收款计划信息进行规则设置。合同年限根据合同基本信息的合同开始日期和合同结束日期自动生成，填写收款周期、每期收款基数、计费方式、增加（减）幅度、超出是否收取滞纳金等信息。"超出是否收取滞纳金"默认选择"否"，若选择"是"，需要填写超期、缴纳比例、收取模式等信息，点击"确认"即可，如图7-7所示。

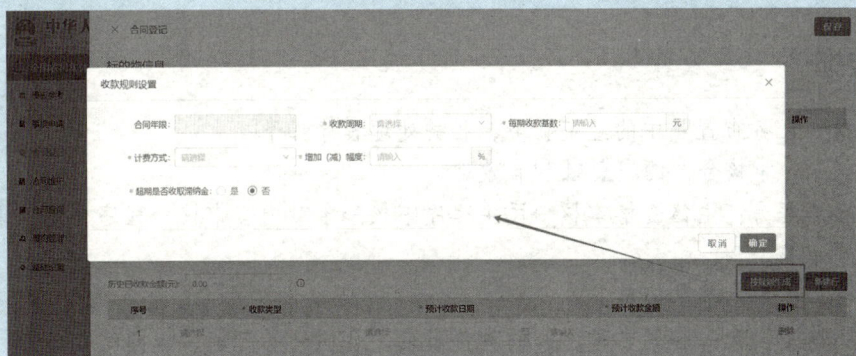

图7-7　收款规则设置界面

（五）登记附件资料

步骤一：保持合同登记界面，下滑至网页最后。

步骤二：点击"上传文件"，对合同相关文件进行上传，如图7-8所示。文件支持 doc、docx、xls、xlsx、pdf、jpg、png、jpeg、gif 格式。

图7-8　合同登记附件资料界面

（六）合同查询

步骤一：点击左侧菜单导航栏的"合同查询"，通过左侧区域进行地区选择，右侧会出现对应的合同信息，如图7-9所示。

图7-9　合同查询界面

步骤二：通过合同编号、合同类型、合同状态、签订日期、合同来源等信息查询相关合同。

> **功能指引 7-3**
>
> 【详情】点击此按钮，对合同的相关信息进行查询。
>
> 【搜索】点击此按钮，按合同的相关查询条件进行搜索。

任务实施

针对"任务布置"中的经济业务，相关处理程序如下：

步骤一：审核合同的完整性和有效性

审核流程为：主体资格审核→民主程序审核→条款内容审核→程序合规性审核→档案资料审核。

步骤二：登记基本信息

（1）填写要素：合同名称、合同签订日期、合同开始日期、合同结束日期、合同金额、是否招投标等。

（2）填写要求：与已签署的合同保持一致。

步骤三：登记签约方信息

（1）填写要素：甲方名称、甲方代表人、甲方联系方式、乙方名称、乙方代表人、乙方联系方式等。

（3）填写要求：确保信息真实有效。

步骤四：登记标的物信息

（1）填写要素：根据合同类型的不同，选择不同的资产类型。

（2）填写要求：在创建合同之前，须完成对应资产数据的维护。

步骤五：登记收款计划

（1）填写要素：收款类型、预计收款日期、预计收款金额等。

（2）填写要求：可设置收款规则，简化登记。

步骤六：登记附件资料

（1）填写要素：上传谈判记录、评估报告、审批文件等过程性证明文件及纸质版合同扫描件。

（2）填写要求：文件支持 doc、docx、xls、xlsx、pdf、jpg、png、jpeg、gif 格式。

步骤七：查询合同

查询方式：通过合同编号、合同类型、合同状态、签订日期、合同来源等信息查询相关合同。

育德润心

规范农村集体经济承包经营合同 助力农村集体经济持续健康发展

桂林市通过清产核资数据、部门确权数据、会计账簿收益数据等对村集体的经济合同进行全面核实，全面审查各村签订的租赁、经营、投资类合同 5 410 份，其中规范合同 5 006 份。此外，某村的 2 个门面通过线上公开竞价交易，年租金从 3 000 元上涨到 6 000 元，增加了村集体经济收益，维护了村集体合法权益。

资料来源：钟燕燕. 规范农村集体经济承包经营合同 助力农村集体经济持续健康发展 [EB/OL]. [2024-12-24]. http://nynct.gxzf.gov.cn/xwdt/gxlb/gl/t19437091.shtml.

德育要素：

（1）法治意识：严格按照法律法规和合同管理原则操作，体现了对法律的尊重和遵守，增强了法治意识。

（2）集体意识：合同管理员在合同管理过程中充分考虑集体利益，通过规范管理为村集体带来经济收益，体现了集体意识。

职业点拨：

（1）定期组织合同管理员及相关人员进行业务培训，提升其对合同管理全流程的熟悉程度和操作技能，确保合同管理工作的规范性和有效性。

（2）建立严格的合同审核流程，明确审核标准和责任分工，确保合同审核的全面性和准确性。涉及重大利益或复杂条款的合同，可邀请专业法律顾问参与审核。

任务三　合同维护

任务布置

2025 年 5 月，某村与某企业的林地承包合同到期，准备进行续签。合同管理员须完成合同续签等操作，包括材料准备、系统录入、审批跟踪等。

思考：

（1）如何加强合同续签的流程管理？合同终止又该如何处理？

（2）系统中需要录入哪些信息、上传哪些资料？

（3）如何加强后续审批的流程跟踪？

知识点拨

一、农村集体经济合同续签的管理要求

（一）续签条件与程序

合同续签须在合同到期前完成，且应经过集体经济组织成员（代表）大会讨论通过。续签合同应遵循公平公正原则，同等条件下优先考虑原承包方或租赁方。续签合同须重新评估标的物的价值和市场情况，确保合同条款合理合法。

（二）合同文本与备案

续签合同应使用规范的合同文本，明确合同条款，包括履行期限、价款、违约责任等。续签后的合同须在乡镇（街道）备案，至少一式三份，承包方、发包方和乡镇各执一份

（三）民主决策与公示

续签合同须履行民主决策程序，如村务联席会议或社员（代表）大会讨论通过，并将结果公示。续签合同的条件和结果应公开透明，接受集体经济组织成员的监督。

（四）合同价款与期限

续签合同的价款应根据市场情况和物价因素合理调整，确保集体资产保值增值。合同期限应符合法律规定，如房屋租赁不超过20年，资源发包不超过15年。

二、农村集体经济合同终止的管理要求

（一）终止情形

合同到期后，双方未达成续签协议的，合同自动终止。因不可抗力导致合同无法履行的，合同可终止，发包方须退还剩余期限的租金。承包方或租赁方违反合同约定，如逾期支付租金、擅自转租或改变土地用途等，发包方有权终止合同。

（二）终止程序

终止合同须经集体经济组织成员（代表）大会讨论通过，并履行相关手续。

若合同终止涉及重大事项，须报乡镇政府批准。

（三）标的物处置

合同终止后，承包方或租赁方须将标的物恢复原状或按合同约定进行处置。

对于承包方投资建设的附属设施，可通过协商或第三方评估后由发包方支付价款购买。

（四）违约责任

合同终止后，违约方须承担违约责任，赔偿对方损失。若因发包方原因导致合同终止，发包方须赔偿承包方的合理损失。

（五）档案管理

终止的合同档案须妥善保存，包括合同文本、终止协议、相关会议记录等。

三、系统流程解析

（一）合同续签

步骤一：合同管理员进入系统，点击左侧导航栏"合同维护"→"合同续签"，找到需要的合同，点击"续签"按钮，进入合同续签界面，如图7-10所示。

知识拓展7-2

农村集体经济合同发生纠纷时的解决机制

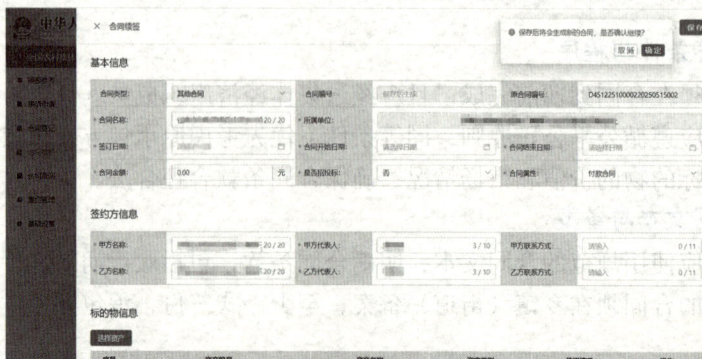

图7-10　合同续签界面

步骤二：系统自动带出原合同基本信息、签约方信息、标的物信息、收款计划、附件资料等，点击"保存"，自动生成新的合同。

功能指引7-4

【后续审批】提交后的申请会根据此区域当前配置的审批流程进行审批任务的分配。审核员登录系统后，可在"审批管理"→"审批中心"→"待办已办"中对单据进行审核。

【后续查询】合同管理员可在我的申请界面查询该单据的详细情况，获取当前的审批记录。

【暂存】点击此按钮，对续签的信息进行暂存，暂存信息可在"审批管理"→"我的申请"中查看。

【提交】点击此按钮，对续签的信息进行提交。

（二）合同终止

步骤一：合同管理员进入系统，点击左侧菜单导航栏"合同维护"→"合同终止"，找到需要的合同，点击"终止"按钮，进入合同终止申请新增界面，如图7-11所示。

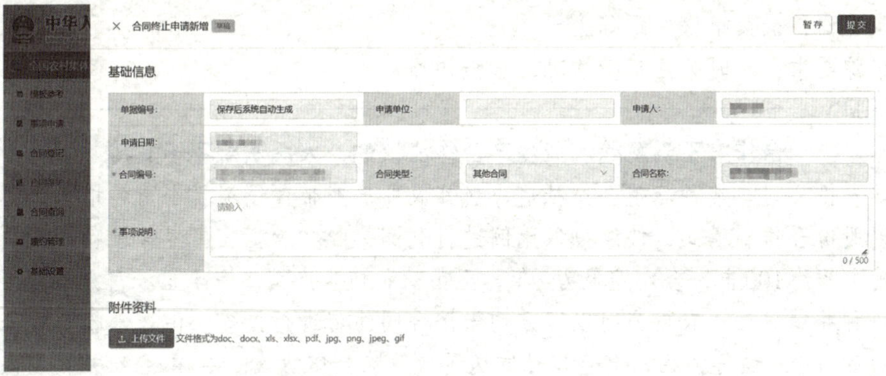

图7-11 合同终止申请新增界面

步骤二：申请单位、申请人、申请日期、合同编号、合同类型、合同名称由系统自动带出。合同管理员填写事项说明，上传相关附件，单据编号用户提交完成后自动生成。

功能指引7-5

【后续审批】提交后的申请会根据此区域当前配置的审批流程进行审批任务的分配。审核员登录系统后，可在"审批管理"→"审批中心"→"待办已办"中对单据进行审核。

【后续查询】合同管理员可在我的申请界面查询该单据的详细情况，获取当前的审批记录。

【暂存】点击此按钮，对终止的信息进行暂存，暂存信息可在"审批管理"→"我的申请"中查看。

【提交】点击此按钮，对终止的信息进行提交。

任务实施

针对"任务布置"中的经济业务，相关处理程序如下：

步骤一：审核合同续签和合同终止的合规性。

（1）合同续签：续签条件与程序审核→合同文本与备案审核→民主决策与公示审核→合同价款与期限审核

（2）合同终止：终止情形判断→终止程序审核→标的物处置审核→违约责任审核→档案管理

步骤二：选择需要续签或终止的合同

（1）核对要素：申请单位、申请人、申请日期、合同编号、合同类型、合同名称等信息。

（2）核对要点：与原合同保持一致。

步骤三：填写说明

（1）填写要素：事项说明，上传相关附件。

（2）填写要求：确保信息真实有效。

步骤四：提交审核并跟踪流程

跟踪要求：及时关注审批情况，加强沟通。

育德润心

合作方不当解除农业生产合作协议的，人民法院不予支持

某农投公司与某种养殖合作社达成《某农业产业带建设项目山药种植合作协议》，约定以股份合作制模式，按照投入比例进行利润分配和承担相应经营风险，在某路沿线种植山药约100亩，合作期限为2年，至山药种植生产销售完毕止。双方第一年合作投入耕种并销售后，农投公司以双方均未按合同约定进行投资、山药采收产量未达到合同约定的保产量等为由，向合作社发送了《解除合作协议的函》。合作社收到该函后不同意终止合作，要求农投公司履行投资义务。法院审理认为，农投公司单方面解除合同缺乏合理依据，判决合作协议继续履行，农投公司须补足合作社垫付的投资款。

资料来源：最高人民法院. 最高人民法院发布涉农民事典型案例 [EB/OL]. [2024-01-23]. https：//www.court.gov.cn/zixun/xiangqing/423762.html.

德育要素：

（1）法治意识：村集体利用了法律武器，维护了自身的合法权益，维护了合同的严肃性和法律的权威性。

（2）诚信意识：经济往来双方应秉持诚信原则，履行合同义务。

职业点拨：

（1）农村集体经济组织应建立健全合同管理制度，确保合同签订、履行、变更和终止等环节的规范性。

（2）定期对农村集体经济组织成员进行法律培训，提升其法律意识和合同管理能力。

任务四 合同履约

任务布置

2025年5月，某村与某企业的林地承包合同符合收款条件，并收到相应款项。合同管理员须完成合同收款的流程操作，包括材料准备、系统录入、审批跟踪等。

思考：

（1）如何加强合同收款管理和付款管理？

（2）系统中需要录入哪些信息、上传哪些资料？

（3）如何加强后续审批的流程跟踪？

知识点拨

一、合同履约原则

（1）全面履行原则：合同双方必须严格按照合同约定的主体、标的、数量、质量、价款、履行期限等全面履行合约。

知识精讲7-3

合同履约

（2）诚实信用原则：当事人应秉持诚实信用原则，遵循商业道德，不得恶意履行或拖延履行。

（3）协作履行原则：合同双方应相互协作，共同创造履行条件，避免因单方面行为导致合同无法履行。

二、合同收款管理要求

（一）收款流程细化

（1）前期准备：在合同签订前，确保合同中明确规定了收款条款，包括收款金额、收款时间、收款方式、发票要求等。同时，建立客户信用档案，评估客户的支付能力和信用状况。

（2）发票开具：当达到合同约定的收款条件时，根据财务和税务规定开具发票。确保发票信息准确无误，包括客户名称、项目名称、金额、税率等，并及时通过邮寄或电子邮件发送给客户。

（3）收款执行：监控银行账户，及时确认款项到账。对于银行转账，确保转账信息与合同和发票一致。对于现金收款，须建立严格的现金管理制度，确保资金安全。

（4）记录与归档：收款完成后，及时更新财务记录，确保账目清晰，将相关文件（如发票、付款凭证）归档保存，以备日后查询或审计。

（二）风险控制与合规性

（1）逾期付款管理：建立逾期付款预警机制，当客户超过约定付款期限未付款时，及时发送催款通知，并采取相应的催款措施，如加收滞纳金、暂停服务等。

（2）坏账处理：对于长期未收回的款项，须进行坏账评估，并遵循财务和税务规定进行坏账处理。同时，分析坏账原因，总结经验教训，完善收款管理制度。

（3）合规性要求：确保收款操作符合财务法规、税务规定以及农村集体经济组织的政策指导。如遵守反洗钱法规，对大额交易进行监测和报告；遵守税务规定，确保发票开具和税款缴纳合规。

三、合同付款管理要求

（一）付款流程细化

（1）内部审批：建立严格的付款审批流程，确保付款请求经过适当的审核和批准。审批流程应包括申请人、审批人、复核人等角色，以及相应的审批权限和职责。

（2）资金准备：在付款前，确保账户有足够的资金用于支付。大额付款须提前规划资金安排，避免资金短缺导致付款延误。

（3）付款执行：根据合同约定的付款方式和时间，执行付款操作。银行转账须确保转账信息准确无误，包括收款人名称、账号、开户行等。对于现金付款，农村集体经济组织须建立严格的现金管理制度，确保资金安全。

（4）记录与归档：付款完成后，及时更新财务记录，确保账目清晰，将相关文件（如付款凭证、发票等）归档保存，以备日后查询或审计。

（二）成本控制与合规性

（1）预算管理：在合同签订前，进行详细的预算分析，确保付款金额在预算范围内。超出预算的付款请求须经过特殊审批流程。

（2）供应商管理：农村集体经济组织应建立供应商评估机制，选择信誉良好、价格合理的供应商进行合作；同时，与供应商建立良好的沟通机制，确保付款请求得到及时响应和处理。

（3）合规性审核：在付款前，对合同条款、发票真实性、付款对象资质等进行严格审核，确保付款操作符合财务法规、税务规定以及农村集体经济组织的政策指导。例如，遵守反洗钱法规，对大额交易进行监测和报告；遵守税务规定，确保发票索取和税款抵扣合规。

四、系统流程解析

（一）合同收款

步骤一：合同管理员进入系统，点击左侧菜单导航栏"履约管理"→"合同收款"，点击"合同收款"，会出现所有未收款的合同。

步骤二：按收款编号、收款状态等条件进行查询。

步骤三：通过合同收款列表，找到需要操作的合同，点击"确认收款"按钮，如图7-12所示。

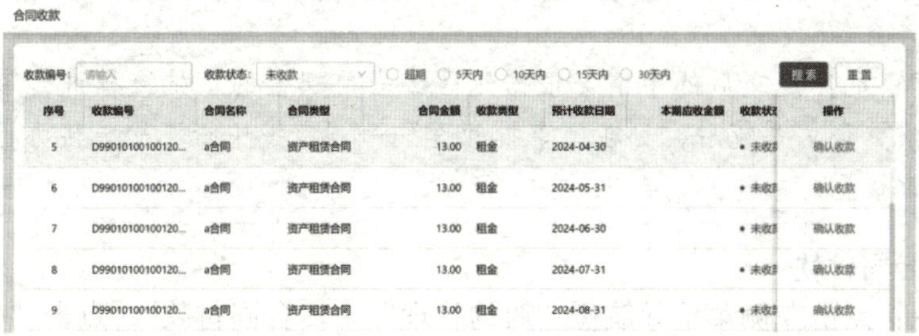

图7-12 合同收款界面

步骤四：填写基础信息，包括申请单位、申请人、申请日期等，申请编号提交后系统自动生成。

步骤五：填写收款信息，系统自动带出合同编号、合同名称、合同金额、收款类型、预计收款日期、本期应收金额。实际收款金额、实际收款方式、收款流水号、事项说明等信息根据实际业务填写，如图7-13所示。

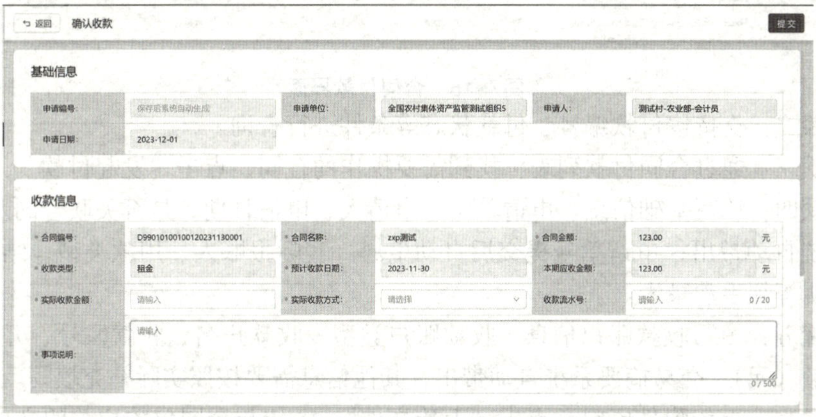

图7-13 基础信息及收款信息界面

步骤六：填写开票信息，点击"添加行"，填写开票日期、票据类型、票据号码、开票金额等，如图7-14所示。

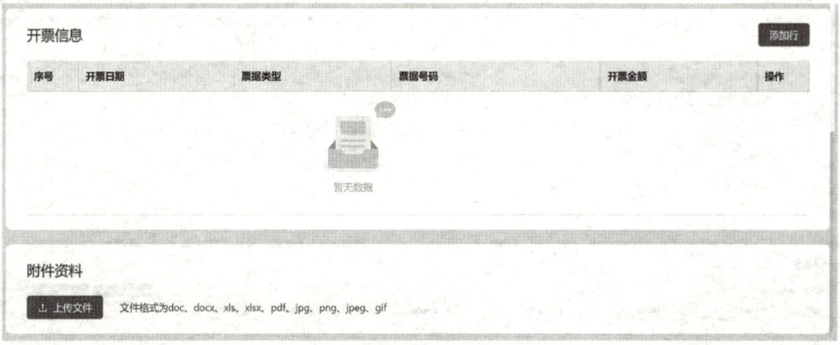

图7-14 开票信息界面

步骤七：上传收款附件，点击"上传文件"，上传与合同收款相关的文件。文件支持doc、docx、xls、xlsx、pdf、jpg、png、jpeg、gif格式。收款信息填写完成后，点击右上角"提交"按钮。

> **功能指引 7-6**
>
> 【后续审批】提交后的申请会根据此区域当前配置的审批流程进行审批任务的分配。审核员登录系统后，可在"审批管理"→"审批中心"→"待办已办"中对单据进行审核。

(二) 合同付款

步骤一：点击左侧菜单导航栏"履约管理"→"合同付款"，点击"合同付款"，可查看所有未付款的合同，如图 7-15 所示。

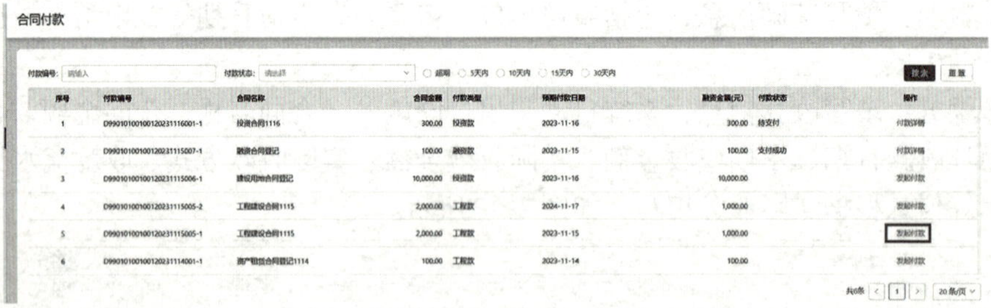

图7-15　合同付款界面

步骤二：支持按付款编号、付款状态等条件进行查询。

步骤三：通过合同付款列表，找到需要操作的合同，点击"发起付款"。

步骤四：填写基础信息。申请单位、申请人、申请日期、是否关联合同及合同编号由系统自动带出，申请单号提交后自动生成。实际报账人、用款类型、结算方式、事项说明等须手动录入。

步骤五：填写收款账户信息。收款账户类型、收款户名、收款账号、开户银行、支付金额（元）、交易摘要系统自动带出，其他信息需要按照实际补充填写。

步骤六：上传附件资料，点击"上传文件"，上传与合同付款相关的文件。文件支持 doc、docx、xls、xlsx、pdf、jpg、png、jpeg、gif 格式。最后，点击右上角"提交"按钮即可，如图 7-16 所示。

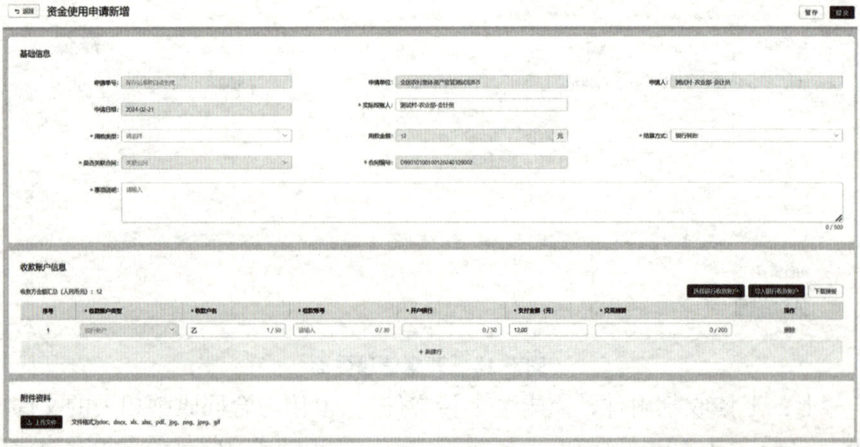

图7-16　资金使用申请界面

任务实施

针对"任务布置"中的经济业务，相关处理程序如下：

步骤一：合同收款与付款的流程

（1）合同收款：明晰合同收款条款→发票开具→收款执行→记录与归档

（2）合同终止：内部审批→资金准备→付款执行→记录与归档

步骤二：合同收款

（1）查询应收款合同：按收款编号、收款状态等条件进行查询

（2）发起收款：填写基础信息、收款信息、开票信息，上传附件。

步骤三：合同付款

（1）查询应付款合同：按付款编号、付款状态等条件进行查询

（2）发起付款：填写基础信息、收款账户信息，上传附件。

育德润心

规范合同履约管理，助力集体经济增收

贵州省某村在发展集体经济过程中，通过规范合同履约管理，实现了经济的显著增长。该村与一家农业企业签订了土地流转合同，将村集体闲置土地流转给企业用于特色农产品种植。合同约定，企业每年支付村集体土地流转费，并在合同履行期间，按照约定的用途使用土地，村集体则负责协调村民关系，确保土地流转顺利进行。

资料来源：贵州省农业农村厅政策与改革处. 贵州省新型农村集体经济村级典型案例汇编（节选）——遵义市播州区金山村［EB/OL］.［2023-12-21］. http://nynct.guizhou.gov.cn/syqt/nyzcyggdy/202312/t20231221_83382292.html.

德育要素：

（1）法治意识：村集体在合同签订和履行过程中严格遵守法律法规，体现了对法律的尊重和遵守。

（2）诚信合作：企业和村集体在合同履行过程中相互信任、诚信合作，确保了合同的顺利履行。

职业点拨：

（1）村集体应成立专门的监督小组，定期检查合同履行情况，及时发现并解决合同履行过程中出现的问题

（2）建立合同台账和档案管理制度，完善合同台账，录入集体资产管理平台，留存纸质资料，确保合同管理的规范化和信息化。

📍 项目评价

在线测评7-1

项目七

本项目评价见表7-1。

表7-1　　　　　　　　　　　　　项目评价表

项目名称		合同管理员工作认知		
评价要点		评分标准	学生自评（50%）	教师评价（50%）
知识掌握（30分）	掌握农村集体经济合同的类型及管理流程（10分）	·优秀（8～10分）：能准确掌握知识点并举例应用。 ·良好（5～7分）：基本掌握知识点但存在细节疏漏。 ·待改进（0～4分）：概念模糊或混淆知识点的适用性		
	熟悉合同审核的原则（10分）			
	明确合同主体、标的、数量、质量等要素要求（10分）			
技能提升（40分）	能运用"三资"管理系统下载合同模板（10分）	·优秀（8～10分）：操作无错误，计算精确，分析全面。 ·良好（5～7分）：操作有1～2处错误，计算逻辑正确且结果偏差≤5%。 ·待改进（0～4分）：操作错误≥3处，计算逻辑混乱		
	能运用"三资"管理平台完成合同信息登记与查询操作（10分）			
	能够进行"三资"管理系统合同维护操作（10分）			
	能够进行"三资"管理系统收款、付款操作（10分）			
素质养成（30分）	具有严谨的规范意识，严格遵守合同管理流程，确保规范合法（10分）	·优秀（8～10分）：案例分析决策合理，主动提出合规建议。 ·良好（5～7分）：能完成基础分析但缺乏创新。 ·待改进（0～4分）：决策违背职业伦理或缺乏团队贡献		
	具有风险防范意识，识别合同风险，增强防范能力（10分）			
	具有责任意识和团队协作与沟通能力（10分）			
综合评价成绩（100分）				
学生自评： 学生签字：				
教师评语： 教师签字：				

综合管理员岗位工作

学习目标

知识目标

1. 掌握农村集体资源与产权台账登记的核心要素与流程。
2. 理解资源发包、流转及招投标业务的政策法规与业务合规审核。

技能目标

1. 能独立完成资源台账登记、合同录入及动态更新。
2. 能规范处理资源发包、流转及招投标业务的全流程操作。

素养目标

1. 树立依法依规管理意识，坚守廉洁自律原则。
2. 培养服务集体经济发展的责任感与精细化管理能力。
3. 强化信息化时代的职业适应力与持续学习意识。

岗位说明

综合管理员主要负责农村集体资源与产权台账的登记管理，明确资源发包、流转及招投标业务的政策法规，对相关业务进行合规性审核与监督。

工作导航

岗位	工作任务	工作分解
综合管理员	台账管理	农村集体资源及农村集体经济产权资源
		资源台账登记业务流程
	资源业务处理	资源发包及流转业务处理
		招投标业务处理

任务一 台账管理

任务布置

某村集体新收回一块100亩的机动地，须进行资源台账登记。管理员小张须完成以下工作：审核村民会议决议及权属证明、录入资源台账并上传影像文件和确保与三资管理系统数据同步。

思考：

（1）小张如何避免登记错误？

（2）如何确保台账信息可追溯？

知识点拨

一、认识农村集体资源

（一）农村集体资源的概念

农村集体资源是指农村集体拥有的物力、财力、人力等各种物质要素的总称，分为自然资源和社会资源两大类。农村集体资源管理，主要是指对农村集体自然资源的管理。

（二）农村集体资源的内容

1.自然资源

自然资源是指属于集体所有的土地、林地、山岭、草地、荒地、滩涂水面、矿藏等，包括农户承包地、宅基地、集体机动地、荒沟、荒山、荒丘、鱼池、塘堰沟渠、场地等。

2.社会资源

社会资源是指人力资源、信息资源、人文旅游资源以及经过劳动创造的各种物质财富，如技术、人文自然景观等。

（三）农村集体资源的管理

农村集体资源具有分布广泛性、项目品种多元性、计量单位多样性、取得收入不固定的特点。对集体资源加强管理，主要是对农村集体所有存量资源进行登记造册，建档立案，对资源开发利用全程监督。

对确权办证的集体资源，以确权登记为依据；未确权登记的，以清查核资为基础建立资源台账。资源台账主要内容包括资源的名称、类别、坐落地、四至范围、面积等。

没有采取家庭承包方式，而实行承包、租赁经营的集体资源，主要登记资源承包、租赁单位（个人）的名称、地址，承包、租赁资源的用途，承包费或租赁金，期限和起止日期等。

知识精讲8-1

台账管理

农村集体资源的承包、租赁应签订书面合同，明确双方的权利、义务、违约责任等。合同应当使用县级以上业务主管部门统一监制的文本。

建设用地收益归集体经济组织所有，主要用于发展集体生产经营、兴办公益事业等，方案应经本集体经济组织成员会议或成员代表会议讨论通过，并报乡镇人民政府和土地管理部门备案。

特别提示8-1

业务要领如下：（1）受理提交农村集体资源台账登记的申请资料；（2）审核农村集体资源台账申请登记资料的真实性、合法性；（3）在系统中记载，登记相关台账。

二、认识农村集体经济产权资源

农村土地产权是指土地所有权、土地使用权和他项权利，简称产权。农村集体经济组织需要依照法律、政策的规定确定某一范围内的土地（或称一宗地）的所有权、使用权的隶属关系和他项权利的内容。

开展农村土地确权工作是为了完善二轮土地承包关系，是创建真实、规范的土地承包管理档案的依据。农村土地确权登记发证的范围，涵盖农村范围内的全部集体土地，包括属于农民集体所有的建设用地、农用地和未利用地，不得遗漏。

农村土地确权登记填表时应注意以下问题：

（1）同一地块承包农户登记表按地块填写，同一地块填写一张。

①长宽要按实际测量的数值填写。

②此表一般在同一地块按由北向南、由东向西顺序逐户填写。

③四至范围用固定坐标，如东边（道路）、西边（张三）、南边（渠）、北边（李四）。逐户登记，如1号地块第一户张三、第二户李四，填表时按张三接李四的顺序填写。

④其中附属地面积为承包地块面积的其中数，只填面积，不填长宽。

（2）农村土地承包经营权登记信息申请表按农户填写。

①表内户主姓名、出生年月日填写要与户口本上信息一致，发包方为村民小组。

②与户主关系依次填配偶、长子、次子、女、媳，不能填妻、子妻等。

③没有分地的人不填入此表，死亡人口不填入此表。

④承包总面积为承包地块面积合计数。

⑤表内关系为"承包总面积=人均应分地亩数×分地人数+附属地面积"。

⑥承包起止日期不填。

⑦承包地块信息应与同一地块登记表信息一致。

（3）集体预留机动地和四荒资源情况记录表要分别填表登记。

①登记地类一栏填写机动地或四荒地。

②面积按实测面积填写。

③四至范围同上。

知识拓展8-1
农村集体经济产权资源的内容

④ 使用情况填写招标、拍卖、公开协商等

⑤ 使用者填写承包者姓名。

（4）农村土地确权和不动产登记的区别。

①农村土地确权确定的是土地的所有权和使用权。每宗地的权属要经过土地登记、地籍调查、权属审核、登记注册、颁发土地证书等程序，才能得到最后的确定。

《中华人民共和国土地管理法》第十六条规定，确权的权利主体为乡级或县级以上人民政府，也就是说只有乡级或县级以上人民政府才具有确认所有权和使用权的权利。

土地管理部门作为人民政府的职能部门，具体承办确权工作，对确权的意见和建议，要报同级人民政府决定。

②不动产登记一般是指房屋的所有权登记，房屋一般为不动产。不动产登记是《中华人民共和国民法典》确立的一项物权制度，是指经权利人或利害关系人申请，由国家专职部门将有关不动产物权及其变动事项记载于不动产登记簿的事实，是一种作为物权的公示手段。

三、农村集体经济资源台账登记业务流程

农村集体经济资源台账登记业务流程如图8-1所示。

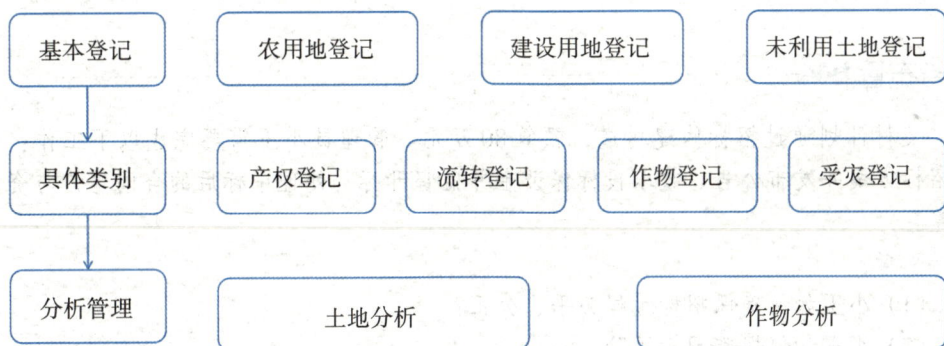

图8-1　农村集体经济资源台账登记业务流程

任务实施

针对"任务布置"中的问题，可以做以下处理：

步骤一：资料审核

（1）核对村民会议决议、权属证明、承包合同等材料完整性。

（2）确认资源类型（如耕地、林地）、面积、四至范围及用途。

步骤二：系统录入

（1）在"三资"管理平台选择"资源台账登记"。

（2）填写资源名称、类别、坐落地、面积等字段，上传扫描件。

步骤三：动态管理

（1）定期核对承包费到账情况，更新台账状态（如"生效""终止"）。

（2）对权属争议或变动及时标注，确保数据的准确性。

育德润心

资源台账登记规范

某县管理员小李在登记集体林地时，发现承包合同缺少村民代表签字。他立即退回材料要求补正，并主动指导村委会完善民主决策流程。最终，该林地通过规范发包实现年增收5万元。

资料来源：根据农业农村部办公厅发布的《全国农村财务管理规范化典型案例》整理。

德育要素：

（1）依法依规：严格审核程序，维护集体利益。

（2）服务意识：主动帮助基层解决问题，提升管理效能。

职业点拨：

（1）综合管理员须具备"严谨细致、有错必纠"的职业态度。

（2）熟悉政策法规（如《中华人民共和国农村土地承包法》），才能在综合管理工作中做到有理有据。

任务二　资源业务处理

任务布置

某村计划通过招标修建村道，预算80万元。管理员小王需要完成以下工作：制订招标方案并发布公告、收取投标保证金并监督开标、处理中标后的合同签订与资金结算。

思考：

（1）小王如何确保招标过程公平、公正？

（2）小王如何规避围标风险？

知识点拨

知识精讲8-2

资源业务处理

一、资源发包及流转业务处理

（一）业务岗位职责

1.业务受理与审核

受理村集体提交的资源发包或流转申请，审核材料的完整性（包括权属证明、村民会议决议、合同草案等）。

核查资源台账，确保发包或流转标的无权属争议、未被抵押或冻结。

2.流程推进与协调

组织开展发包或流转的民主决策程序（如村民代表大会、公示等）。

对接乡镇农业农村局、自然资源所等部门，完成备案或审批手续。

3.系统录入与档案管理

在"三资"管理系统中录入发包或流转信息，生成电子台账。

整理合同、决议、审批文件等纸质档案，归档保存不少于10年。

知识拓展8-2

农村集体经济资源发包业务的内容

（二）资源发包业务流程

1.发包前期准备

（1）步骤：①村集体提交《资源发包申请书》及附件（权属证明、村民会议决议、发包方案）；②综合管理员审核材料，确认发包标的（如土地、山林、水面）的四至范围、面积、用途；③委托第三方评估机构对发包标的进行价值评估（适用于标的价值较大的项目）。

（2）台账登记：登记资源发包台账，记录发包方、承包方、标的、期限、金额等信息。

2.签订发包合同

步骤：①村集体与承包方签订《农村集体资源承包合同》，明确承包费标准、支付方式、违约责任等；②合同经乡镇"三资"服务中心备案后生效。

3.承包费收取

步骤：①承包方按合同约定缴纳承包费（现金、银行转账或线上支付）；②综合管理员核对到账金额，开具农村集体经济组织统一收款收据。

4.押金收取与退还

步骤：①合同约定收取押金的，承包方缴纳押金；②合同到期且无违约时，退还押金（不计息）。

5.合同终止与归档

步骤：①合同到期或提前终止时，确认承包方无欠费、无违约；②注销资源台账登记，归档合同及相关凭证。

（三）资源流转业务流程

1.流转申请与审核

步骤：①村集体提交《资源流转申请书》及村民会议决议；②审核流转双方资质（受让方须为农业经营主体，如合作社、家庭农场）；③流转价格须经民主协商或评估，确保不低于市场指导价。

2.签订流转合同

步骤：①签订《农村集体资源流转合同》，约定流转期限（不得超过承包期剩余期限）、流转收益、支付方式；②合同经乡镇农业农村局备案。

3.流转收益收取

步骤：①受让方按合同支付流转收益；②开具收款收据，同步录入"三资"管理系统。

4.流转押金与违约处理

步骤：①受让方违约（如改变用途、拖欠收益），扣除押金或收取违约金；②违约金记入"其他收入"科目。

（四）注意事项

（1）发包或流转期限不得超过法律规定（如土地承包期最长30年）。

（2）涉及耕地流转的，须确保受让方用于农业生产，禁止非农化、非粮化。

（3）定期与村集体核对承包费或流转收益到账情况，避免漏收。

二、招投标业务处理

知识拓展8-3

农村集体经济招投标业务的内容

（一）岗位职责

1.招标方案制订

编制招标文件，明确标的概况、资质要求、评标标准等。

2.程序监督与协调

组建评标小组（含村民代表、乡镇干部、专家），监督开标、评标过程。公示中标结果，协调签订合同。

3.档案与资金管理

保存招投标文件、评标记录、合同等档案，管理投标保证金的收取与退还。

（二）招投标业务流程

1.招标前期准备

步骤：①村集体提交《招投标申请书》及村民会议决议；②综合管理员审核招标标的（如集体资产处置、工程建设项目）是否符合规定；③发布招标公告（村内公示栏、"三资"管理系统同步公示）。

2.投标保证金收取

步骤：①投标人缴纳投标保证金（一般不超过项目预算的2%）；②开具收据，注明"投标保证金"。

3.开标与评标

步骤：①组建5人以上评标小组，现场开标、唱标；②评标小组出具评标报告，推荐中标人。

4.中标与合同签订

步骤：①公示中标结果（不少于5天）；②中标人缴纳履约保证金（如有），签订合同。

5.投标保证金退还

步骤：①未中标人：中标公示结束后5日内退还保证金（不计息）；②中标人：合同签订后，投标保证金转为履约保证金或退还。

6.合同履行与资金结算

步骤：①中标人按合同完成项目，村集体验收；②支付合同款项，扣除履约保证金（如有违约）。

（三）注意事项

（1）招标金额达到乡镇规定限额的（如5万元以上），须委托第三方招标代理机构。

（2）评标过程须全程录像，档案保存不少于15年。

（3）禁止拆分项目规避招标，严禁围标、串标行为。

任务实施

针对"任务布置"中的问题，可以做以下处理：

步骤一：招标准备

（1）编制招标文件，明确资质要求、评标标准。

（2）在村内公示栏和"三资"管理系统同步发布招标公告。

步骤二：开标与评标

（1）组建5人评标小组（含村民代表、乡镇干部）。

（2）现场开标并记录投标人报价，推荐中标候选人。

步骤三：合同管理

（1）公示中标结果5天，无异议后签订合同。

（2）收取履约保证金，按进度支付工程款并验收。

育德润心

招投标监督与管理

某村在集体商铺租赁权拍卖中，管理员小赵发现投标人存在串标迹象。他立即暂停开标，重新组织招标并引入第三方监督。最终，商铺年租金从8万元提升至12万元。

资料来源：根据农业农村部办公厅发布的《全国农村财务管理规范化典型案例》整理。

德育要素：

（1）廉洁自律：抵制利益诱惑，维护公平竞争环境。

（2）责任担当：主动发现问题，避免集体资产流失。

职业点拨：

（1）招投标业务须"阳光操作"，主动接受群众监督。

（2）掌握《中华人民共和国招标投标法》等法规，提升风险预判能力。

在线测评8-1

项目八

📎 项目评价

本项目评价见表8-1。

表8-1　　　　　　　　　　　　项目评价表

项目名称		综合管理员岗位工作		
评价要点		评分标准	学生自评（50%）	教师评价（50%）
知识掌握（30分）	掌握农村集体资源与产权台账登记的核心要素与流程（15分）	·优秀（8~10分）：能准确掌握知识点并举例应用。 ·良好（5~7分）：基本掌握知识点但存在细节疏漏。 ·待改进（0~4分）：概念模糊或混淆知识点的适用性		
	理解资源发包、流转及招投标业务的政策法规与业务合规（15分）			

续表

项目名称		综合管理员岗位工作		
评价要点		评分标准	学生自评（50%）	教师评价（50%）
技能提升（40分）	能独立完成资源台账登记、合同录入及动态更新（20分）	·优秀（8~10分）：操作无错误，计算精确，分析全面。 ·良好（5~7分）：操作有1~2处错误，操作逻辑正确且结果偏差<5%。 ·待改进（0~4分）：操作错误≥3处，操作逻辑混乱		
	能规范处理资源发包、流转及招投标业务的全流程操作（20分）			
素质养成（30分）	树立依法依规管理意识，坚守廉洁自律原则（10分）	·优秀（8~10分）：案例分析决策合理，主动提出合规建议。 ·良好（5~7分）：能完成基础分析但缺乏创新。 ·待改进（0~4分）：决策违背职业伦理或缺乏团队贡献		
	培养服务集体经济发展的责任感与精细化管理能力（10分）			
	强化信息化时代的职业适应力与持续学习意识（10分）			
综合评价成绩（100分）				
学生自评：			学生签字：	
教师评语：			教师签字：	

参考文献

［1］农业农村部政策与改革司．农村集体经济组织会计制度教程［M］．北京：中国财政经济出版社，2024．

［2］万依云，祁海艳．农村集体经济三资管理［M］．北京：中国财政经济出版社，2023．

［3］管洪彦，张蓓．农村集体经济组织收益分配中"可分配收益"的界定［J］．山东师范大学学报（社会科学版），2025（5）：1-14．

［4］田晓鸽．农村集体经济"三资"管理对策［J］．当代县域经济，2025（5）：76-78．

［5］王洁，胡亚敏．会计制度新规下的村集体经济组织固定资产管理与核算问题研究［J］．中国农业会计，2025（3）：3-5．

［6］塔娜．农村集体经济组织衔接资金的会计核算研究［J］．财会通讯，2024（17）：99-140．